VR虚拟技术在文化艺术教学活动中的应用

傅冰　余陈亮　著

北京
冶金工业出版社
2018

内 容 提 要

虚拟现实技术是伴随着多媒体技术发展起来的一门崭新的综合性信息技术，它通过虚拟现实技术，生成三维逼真的虚拟环境，使用户能够模拟真实的场景进行交互体验。本书主要是从文化艺术教学的角度来阐述虚拟现实技术在相关领域中的展览及活动策划、展示设计、现场运营及管理等方面的运用，使读者能够通过虚拟现实软件的操作与体验，增强对相关领域实践的感性认知。

本书可供文化艺术及会展专业的师生阅读，也可供从事相关专业的人员参考。

图书在版编目(CIP)数据

VR 虚拟技术在文化艺术教学活动中的应用／傅冰，余陈亮著．—北京：冶金工业出版社，2018.12

ISBN 978-7-5024-7968-8

Ⅰ.①V… Ⅱ.①傅… ②余… Ⅲ.①虚拟现实—应用—文化艺术—教学活动 Ⅳ.①G40－055

中国版本图书馆 CIP 数据核字(2018)第 271627 号

出 版 人　谭学余

地　　址　北京市东城区嵩祝院北巷 39 号　邮编　100009　电话　(010)64027926

网　　址　www.cnmip.com.cn　电子信箱　yjcbs@cnmip.com.cn

责任编辑　郭冬艳　美术编辑　吕欣童　版式设计　禹　蕊

责任校对　卿文春　责任印制　牛晓波

ISBN 978-7-5024-7968-8

冶金工业出版社出版发行；各地新华书店经销；三河市双峰印刷装订有限公司印刷

2018 年 12 月第 1 版，2018 年 12 月第 1 次印刷

169mm×239mm；9.25 印张；180 千字；140 页

38.00 元

冶金工业出版社　投稿电话　(010)64027932　投稿信箱　tougao@cnmip.com.cn

冶金工业出版社营销中心　电话　(010)64044283　传真　(010)64027893

冶金工业出版社天猫旗舰店　yjgycbs.tmall.com

（本书如有印装质量问题，本社营销中心负责退换）

前　言

虚拟现实技术是伴随多媒体技术发展起来的计算机新技术。这是一门崭新的综合性信息技术，它融合了数字图像处理、计算机图形学、多媒体技术、传感器技术等多个信息技术分支。它利用三维图形生成技术、多传感交互技术以及高分辨率显示技术，生成三维逼真的虚拟环境，用户需要通过特殊的交互设备才能进入虚拟环境中。虚拟现实的主要特征包括多感知性、浸没性、交互性、构想性等。

本书通过虚拟现实技术，模拟真实会展场景，采用交互技术，角色扮演等方式，能使读者更加直观地了解文化艺术展览及活动的流程，使读者对相关领域的策划、设计及运营等理论与实践有更感性的认知，为参与文化艺术领域相关活动的策划、设计及营销奠定基础。

本书分为五章，主要是通过四个软件来分析虚拟技术在教学中的应用情况，包含3D艺术设计平台软件交互体验，展会相关设施软件交互操作体验，展览策划布展交互操作体验，场馆及活动现场漫游交互体验。其中第一章对虚拟现实技术及其应用现状进行了概述，第二章至第五章则分别结合四个软件介绍了相关的操作使用情况，并以典型项目为基础，阐述其在教学中的应用。

本书的创新之处在于：首先，书中软件的虚拟现实操作基于本校开发的文化艺术商务VR虚拟实训软件。目前我国VR虚拟技术在各大院校文化艺术专业的实践教学中还处于空白状态，本书填补了这块空白。其次，本书的内容安排，基于文化艺术专业理论，并与行业紧密结合。读者通过VR操作体验，不出校门，便可身临其境了解行业现状及基本业务流程。

本书的虚拟现实项目得到相关行业企业的大力支持，以真实项目为载体，通过任务驱动，创设情境，进行虚拟现实内容的设计，围绕高等职业能力的形成来整合相应的知识、技能，突出学生学习的主动性、参与性及创造性，展现高等职业教育教学改革的成果。本书为校级实训室建设成果，由上海出版印刷高等专科学校傅冰老师和余陈亮老师撰写，其中，第二章第四节、第三章第三节、第四章第三节和第五章第三节由余陈亮老师撰写，其他各章节及全书的整理工作均由傅冰老师完成。此外，还要感谢上海融博信息技术服务公司在本书编写过程中给予的技术支持。

由于作者水平所限，书中不妥之处，诚请广大读者批评指正。

作 者

2018 年 9 月于上海

目　录

第一章　虚拟现实技术的发展及应用现状 …………………………………… 1

第一节　虚拟现实技术概述 ………………………………………………… 1

一、虚拟现实技术的含义 …………………………………………………… 1

二、虚拟现实技术特征与分类 ……………………………………………… 1

三、虚拟现实技术的发展及应用 …………………………………………… 3

第二节　虚拟现实技术在高校教学中的运用 ……………………………… 4

一、虚拟现实技术对实践教学的重要意义 ………………………………… 4

二、虚拟现实技术在文化艺术教学活动中的应用 ………………………… 5

第三节　文化艺术教学 VR 软件介绍 ……………………………………… 6

一、软件概述 ………………………………………………………………… 6

二、硬件技术需求 …………………………………………………………… 8

三、登录操作指南 …………………………………………………………… 10

四、后台维护指南 …………………………………………………………… 12

第二章　场馆及活动现场 VR 交互体验 …………………………………… 19

第一节　场馆漫游实训 ……………………………………………………… 19

一、场馆软件操作指南 ……………………………………………………… 19

二、场馆素材介绍 …………………………………………………………… 24

第二节　展会及活动实训 …………………………………………………… 35

一、活动素材库操作指南 …………………………………………………… 35

二、活动素材介绍 …………………………………………………………… 36

第三节　素材更新及管理 …………………………………………………… 47

一、3D 图片添加 …………………………………………………………… 47

二、全景视频添加 …………………………………………………………… 51

第四节　案例展示 …………………………………………………………… 56

一、项目背景介绍 …………………………………………………………… 56

二、项目操作概况 …………………………………………………………… 56

三、VR 交互体验效果 …… 60

第三章 展会设施 VR 交互体验 …… 63

第一节 会场布置实训 …… 63

一、素材制作及选择 …… 63

二、现场布置 …… 65

第二节 会场设施调试实训 …… 68

一、音响调试 …… 68

二、灯光调试 …… 69

第三节 案例展示 …… 70

一、项目背景介绍 …… 70

二、项目操作概述 …… 70

三、VR 交互体验效果 …… 73

第四章 展览策划布展 VR 交互体验 …… 74

第一节 场馆选择及规划 …… 74

一、进入场馆 …… 74

二、场馆选择 …… 76

第二节 布展指南 …… 86

一、艺术馆布展 …… 86

二、博物馆布展 …… 94

三、画廊布展 …… 103

四、美术馆布展 …… 108

第三节 案例展示 …… 115

一、项目背景介绍 …… 115

二、项目操作概况 …… 116

三、VR 交互体验效果 …… 119

第五章 3D 艺术及展示设计 VR 交互体验 …… 121

第一节 3D 设计软件 VR 虚拟操作 …… 121

一、建立模型 …… 121

二、VR 虚拟实现指南 …… 121

第二节 3D 设计模型素材库 …… 129

一、搭建模型素材 …… 129
二、艺术设计经典作品赏析 …… 129
第三节 案例展示 …… 136
一、项目背景介绍 …… 136
二、项目操作概况 …… 136
三、VR 交互体验效果 …… 138

参考文献 …… 140

第一章

虚拟现实技术的发展及应用现状

第一节　虚拟现实技术概述

一、虚拟现实技术的含义

虚拟现实技术（Virtual Reality，VR）研究始于20世纪60年代，直到90年代初，才开始作为一门较完整的体系而受到人们极大的关注。它是一种可以创建和体验虚拟世界的计算机仿真系统，利用计算机生成一种模拟环境，实现多源信息融合的、交互式的三维动态视景和实体行为的系统仿真，使用户沉浸到该环境中。虚拟现实技术可创建逼真的视觉、听觉、触觉一体化的虚拟环境，用户以自然的方式、借助必要的设备与虚拟环境中的物体进行交互，从而产生身临其境的体验。

与传统的人机界面以及流行的视窗操作相比，虚拟现实在技术思想上有了质的飞跃。虚拟现实中的“现实”是泛指在物理意义上或功能意义上存在于世界上的任何事物或环境，它可以是现实中可实现的，也可以是现实中难以实现的或根本无法实现的。而“虚拟”是指用计算机生成的意思。因此，虚拟现实是指用计算机生成的一种特殊环境，人可以通过使用各种特殊装置将自己“投射”到这个环境中，并操作、控制环境，实现特殊的目的，即人是这种环境的主宰。虚拟现实的本质是人与计算机的通信技术，它几乎可以支持任何人类活动，适用于任何领域。

二、虚拟现实技术特征与分类

（一）特征

虚拟现实技术的特性包括多感知性、沉浸性、交互性和构想性。多感知性指除一般计算机所具有的视觉感知外，还有听觉感知、触觉感知、运动感知，甚至还包括味觉、嗅觉、感知等。理想的虚拟现实应该具有一切人所具有的感知功能。沉浸性是指用户通过交互设备全方位地置身于虚拟世界中，这种沉浸体验主要根据用户的视觉、听觉、触觉等多方面感知数据来构建生成，营造一个逼真的三维虚拟环境。交互性是指在虚拟环境中用户以自然的行为技能对其中的对象进行实时操作，实现真正的人机交互。构想性是虚拟现实为用户提供反映其丰富想象力的机制，是人类思想的一种体现。

（二）分类

1. 根据技术划分

虚拟现实技术主要划分为四种类型：沉浸型、简易型、共享型、增强型。

(1) 沉浸型虚拟现实系统是一套高级但相对复杂的系统，优点是能为用户提供一个全身心沉浸体验的虚拟环境，缺点是系统设备价格高，难以普及。

(2) 简易型虚拟现实系统主要由计算机、鼠标和键盘构成，设备简单廉价，因此得到了较好的推广和应用，但容易受到外界环境的干扰而影响用户的体验。

(3) 共享型虚拟现实系统主要是通过远程网络联结异地用户，协同操作和共享一个虚拟空间，达到共同体验。

(4) 增强型虚拟现实系统能叠加真实世界和虚拟环境，提升用户的沉浸感。

2. 根据沉浸感程度的不同划分

根据虚拟现实中沉浸感程度的不同，可以将 VR 系统分为以下几类：

(1) 桌面 VR 系统。桌面虚拟现实系统指的是用户通过使用个人计算机，或是使用比较低级的工作站来进行模拟仿真，其所使用的计算机的屏幕就是对虚拟环境进行观察的途径，并且使用者是运用不同的输入设备来与虚拟现实的环境进行交互作用，这些输入设备主要包括鼠标、追踪球和力矩球等等。对于桌面虚拟现实系统而言，缺乏真实的现实体验，是其最大的缺陷所在。但是和其他的虚拟现实系统相比，桌面虚拟现实系统的成本比较低，因此，这一虚拟现实使用十分广泛。当前桌面虚拟现实系统在建筑、工程和科学领域运用十分广泛。

(2) 沉浸式 VR 系统。主要利用特殊设备，如头盔显示器等设备能够将参与者的感官进行封闭，构建出一个新的虚拟感觉空间，在这一空间之中，参与者可以通过位置跟踪器、数据手套以及其他的手控或声音设备来进入到真实的虚拟世界之中，从而产生全身心投入且强烈的沉浸之感。目前常见的沉浸式虚拟现实系统主要包括洞穴自动虚拟环境（CAVE），一种完全沉浸式虚拟现实系统；座舱式 VR 系统，即用户仿佛置身在一个座舱内，有一个可以向外看到虚拟空间的屏幕。用户能够将座舱转动到自己感兴趣的方向，向周围观望。用户在舱内可以不戴各种显示器和交互设备，从而能够在身上没有负担的情况下与虚拟空间进行交互；投影式虚拟现实系统也是一种沉浸式的虚拟现实系统，在这一虚拟现实系统的内部，参与者能够实时地观察自己在这一虚拟环境中的形象，并且也能够随之与虚拟环境进行交互活动。

（3）遥现 VR 系统。遥现虚拟现实系统是一种能够在远距离进行控制的虚拟现实系统，即在遥远的距离也能够实现控制。遥现虚拟现实系统能够把遥远地区的真实的物理实体的三维图像和计算机所生成的虚拟物体进行结合，也就是真实世界中的物体和事件的实况遥现。因此，可以说遥现是一种十分特殊的虚拟现实技术，用户和真实的现场之间可能相隔遥远，但是可以通过计算机及其他电子装置来获得充足的现实感觉，并实现交互活动，使得用户产生一种身临其境的真实感，并且可以介入到现场来进行遥控操作。

（4）分布式 VR 系统。分布式虚拟现实系统指的是能够给在不同地点但是相同时间参与到虚拟环境之中的用户提供虚拟现实的系统，这种技术主要是以网络所构建的虚拟现实作为基础，让异地的参与者能够同时进入到一个虚拟真实的环境之中，运用声音、文字等方式进行相互之间的交流与学习，或是进行娱乐活动，甚至能够在这一系统中完成十分复杂的工作任务。传统的虚拟现实系统能够让单个用户在构建出的虚拟环境中漫游，并且和虚拟环境中的各个物体进行交互活动。而分布式虚拟现实系统是为了将不同的虚拟环境通过空间关联，从而构造出一个更大范围的虚拟环境，让不同地域的用户能够同时进入到这一虚拟环境之中，并且进行交互。

本书所讨论的虚拟技术应用类别属于沉浸式系统。

三、虚拟现实技术的发展及应用

虚拟现实技术发源于美国，很多相关的技术研究机构也在美国，因此可以说美国的虚拟现实技术水平可以代表世界虚拟现实技术的整体水平。1992 年，虚拟现实技术与教育实验室在美国东卡罗琳那大学正式成立。该实验室主要是用来确认虚拟现实技术在教育上是否适用，并且对这一技术中的软件和硬件进行评价。美国教育领域对于虚拟技术的运用十分重视。目前在其他发达国家，虚拟现实技术已经具备深入研究的实力和广泛应用的基础。日本主攻大型虚拟现实技术知识库的研究以及在游戏方面的推广应用，而英国在分布并行处理、辅助设备设计和应用研究方面处于领先地位。

我国政府部门、企业和高校等也加强了虚拟现实技术的研究和推广，目前的应用主流多在商业方面，在军事、航天、教育等不同领域中也取得了较好的研究进展和成果。受虚拟现实技术自身复杂性的影响，我国在这方面的研究与发达国家相比还存在相当大的差距。特别是虚拟现实技术在高校实践教学方面的应用研究，尤其是当前具体使用虚拟现实技术进行操作的高校还非常少。

第二节 虚拟现实技术在高校教学中的运用

虚拟教学是运用虚拟现实技术建立学习空间并进行教学活动的一种方法。这种技术为高校的实践教学带来了新的机遇，是当前高校产学结合的一种新形式。丰富了高校实践教学内容的外在形式，优化了教学内容的内在结构，促进教学手段的科学化、高效化发展，对培养个性化、高素质的全面型人才具有很大的推进作用。

一、虚拟现实技术对实践教学的重要意义

实践教学分为实验、实习和实训，是教学过程中不可或缺的组成部分。实践教学的主要目的是培养学生的实操能力，利用虚拟现实技术，通过逼真的虚拟情境呈现复杂多样的教学内容，使枯燥的文字、抽象的概念以及实验过程等都被生动立体地呈现出来，有利于引导学生主动学习知识、掌握概念实质，启发学生在教学过程中发现和解决问题，逐步养成自主控制的教与学观念，培养高层次的思维技能。在网络虚拟的学习系统之中，学生可以实时进行学习上的交流，在不同位置的学生也能够在同一个情景里进行交互学习。目前，我国许多高校的实训设备相对老旧、企业实训基地的建立难以满足教学需求，这些都是高校学生实训受限的主要影响因素。而虚拟现实技术能较好地解决这些问题，通过实训情景的构建帮助学生顺利进行项目实训，提高学生的实践能力。虚拟情景通过人工智能和计算机技术，能够为老师和学生提供一个虚拟的教学环境，从而弥补了传统教学中缺乏情景化的不足。同时，建立虚拟现实课堂进行教学，可以弥补传统实践教学方式在时间和地点上的不足。使学生花更少的时间弥补校外实践的欠缺。

虚拟教学的优势具体表现在：

（1）虚拟现实技术能突破空间和时间的限制。在虚拟教学中，知识的获取主要是通过网络计算机，这也给学生提供了时间和内容上的学习便利，最大限度地满足不同学生不同的学习需求。

（2）虚拟现实技术能弥补高校实践教学条件的不足。虚拟现实技术的应用能有效缓解实践教学中实验场地有限、设备昂贵、经费紧缺等方面的问题，整体改善教学环境，既能加深学生对实验内容的认识和理解，也能减少设备长期使用造成的损坏以及教学材料的消耗，从而达到节约教学成本的目的，增强高校课堂教学的水平。

（3）降低真实实践操作的危险系数。在虚拟实验教学中不需要顾虑实验自身的高危性或实验失败对人体、设备造成损伤，还能以直观的方式发现因错误操作造成的不良实验后果，督促学生正确地进行实践操作。

（4）为远程教学提供技术支持。通过互联网与虚拟现实技术的联合实现共享资源平台的建立，为远程教育注入新能量，能及时更新教学内容，使实践实训与技术发展同步。

（5）培养学生的创新能力。在虚拟环境下，实验的设计、调试、运行具有灵活、简单、高效等特点。基于虚拟实验室的优良条件，学生可以发挥想象力，进行大胆创新，培养学生的综合分析设计能力，提高学生的创新意识。

总之，虚拟现实技术的应用在很大程度上丰富了高校实践教学内容的外在形式，优化了教学内容的内在结构，促进教学手段的科学化、高效化发展，对培养个性化、高素质的全面型人才具有很大的推进作用。

二、虚拟现实技术在文化艺术教学活动中的应用

近年来我国各高校对 VR 技术在多个领域的运用进行了相关课题的研究。比如北京航空航天大学对于分布式飞行模拟方面的应用进行了研究，浙江大学在建筑上应用了虚拟规划和虚拟设计，哈尔滨工业大学着重研究了人机交互上的成果，清华大学研究了临场感。与此同时，国内众多高校，包括西安交通大学、上海交通大学、安徽大学、西北工业大学、北方工业大学等高校都对 VR 技术进行了相关的科技研究。从总体来看，国内对于 VR 技术在教育方面运用的研究主要包括在虚拟仿真校园和虚拟教学上。

目前，对于文化艺术专业 VR 教学的应用主要表现在以下几个方面：

（1）以 VR 为工具进行艺术创作。

1）制造沉浸感图像为主要创作形式。如 VR 电影、VR 音乐 MV、VR 纪录片、VR 视频短片等，此类创作方法的特点是打破了传统视频的固定视角的呈现方式，转而使用了 VR 系统的 360 度全景视角的观赏模式。其中，一种是通过计算机生成图像，体验者戴头盔感受 VR 系统所创造的奇异世界；另外一种是以实拍为主的创作方式，通过拍摄虚拟现实 MV，体验者带上头盔就有身临现场的感觉。

2）互动为主的 VR 创作形式。人类主体所在的真实物理世界，通过交互技术与计算机创造的虚拟化界发生关联，在艺术家设计的交互环节中，人获得独特的艺术体验。借助 VR 头盔和操作手柄，人可以根据需求拉近展示的艺术品距离，从各个角度去观看，也可以去与某些作品进行互动。

（2）以 VR 作为艺术创作的材料。如行为艺术，头盔等展示。或者以 VR 作为主题内容来进行艺术创作。

（3）以 VR 作为线上展示的方式。虚拟现实技术的发展使得线上展示和观看不再受时间和空间的限制。如场馆及艺术作品虚拟线上展示及互动。虚拟现实技术发展促使虚拟艺术博物馆陆续出现。如 2015 年黎巴嫩国家现代艺术虚拟博物馆开始上线，这种虚拟博物馆让观众不必亲临现场，就可以轻松漫游各类展馆，

浏览艺术作品。

(4) 以 VR 作为作品呈现方式。虚拟技术的产生，也增强了作品的呈现方式，也给观众带来了更为开阔的思考和视角。例如，大英博物馆采用虚拟现实技术让游客进入青铜时代进行体验。大英博物馆将 4500 多件藏品搬上了互联网。采用了“10 亿像素技术”，放大之后的高清晰成像技术让观看者欣赏到油画的全部细节，这完全不同于人们现场肉眼的观看经验。另外，在文化艺术教学活动中，可以利用 VR 技术在相应的场馆里进行虚拟布展，从而提前了解布展的效果。这些方法对优秀的当代艺术传播普及以及相应的教育实践方法的突破都具有重要的意义。

总之，科技为艺术带来了更多的可能性。如何通过虚拟技术体现艺术的学术价值，一直是美术馆、画廊以及相关艺术机构乃至教育机构都关注的重要话题。我国虚拟实践教学的研究仍处于初步阶段。尽管存在诸多问题，如当前虚拟现实技术更侧重于几何表示和听觉感知，缺乏逼真的行为模型，真实性及虚拟效果还存在不足，无法提供真实环境的全部感官刺激。虚拟现实技术所需的设备存在局限性、成本高等多样问题，但在信息时代，虚拟现实技术的发展已是大势所趋，具有很大的发展潜力和广阔的应用前景。随着高校实践教学模式的改革，我国虚拟现实技术日趋成熟，应用于高校实践教学也是未来教育的趋势。

第三节 文化艺术教学 VR 软件介绍

一、软件概述

本书所采用的 VR 软件是基于学校自主研发的 VR 软件系统——文化艺术商务教学 VR 软件，它采用虚拟现实技术，模拟真实会展场景，采用交互技术，角色扮演，让学生能够更加直观的了解文化艺术展览及活动的流程，使学生对策划、设计及运营等相关理论与实践有更感性的认识，为学生后期学习进行艺术文化活动的策划、设计及营销管理等应用技能的掌握奠定基础。

该系统软件包括四个模块：交互式 3D 艺术设计平台软件、展会相关设施系统交互操作模拟软件、展览策划布置交互操作模拟软件、场馆与现场活动素材库软件。每个模块的内容和相应功能如下：

(一) 交互式 3D 艺术设计平台软件

交互式 3D 艺术设计平台软件集成三维设计和平面设计软件，主要用于三维布展设计、三维展示设计、平面设计的教学实训所用。该软件的功能如下：

(1) 平面及 3D 设计功能：内置标准展位、特装展位等布展规划设计中常用到的基本元素、展品的三维模型、国内外多个会展场馆、博物馆平面图，能通过简单的拖放式操作快速完成一个展位布置设计任务；能方便地修改展位、展品元素的尺寸、位置、朝向。

（2）3D 制作功能：软件具有可扩展性，能方便地导入用其他三维建模软件制作的三维模型，支持 3ds、obj、lws 等多种文件格式；可同时进行三维效果设计和平面布局设计，三维效果图实现实时渲染；界面上同时显示三维视图和平面视图；并可以参观、鸟瞰两种模式检视三维效果；可打印展区展位平面图、三维效果截图、配置清单等，完成设计布局后，可以设置打印平面视图、3D 设计视图输出，还可打印为 PDF 格式的图形文件，同时系统还可以打印出设计元素清单列表；支持扩展和更新；提供设计作品的上传、展示、查询、评价功能。

（3）系统交互功能：具备项目展示实训功能；能够连接平台上其他软件的资源库，并具备跨平台内容交互功能，支持设计更新的作品内容快速发布到实训系统进行浏览观看。

（二）展会相关设施系统交互操作模拟软件

展会相关设施系统交互操作模拟软件能模拟现实中的展馆会议及活动设施操作及维护，从而加强了虚拟环境给人所带来的沉浸感和真实感。软件功能为：

（1）场景管理：通过软件内置的各种会场设施三维模型元素，并根据会场尺寸、环境、布置需求、会议类型等信息，进行会场设计，模拟组合出符合要求的会场布置，以及选择合适的后台设备，进行连接调试。

（2）会场布置功能：会议设施模型能进行添减，进行各个模型的摆放（桌子椅子的摆放）和设备的连接（会议系统的设备）。会议发言人能通过话筒音响发出声音，同时可以保存用户说的话和当时的整个场景；服务人员提供会议现场服务；翻译人员听到发言人讲话后将其转换成系统设置的默认语言；参加会议的听众可以按耳机上各种语言按钮来交换自已想要的语言及音量。

（3）会议系统控制功能：用中控系统可实现集中控制系统电源的开关，环境灯光的调节及开关，通过红外线可控制投影仪等。连接局域网或 internet 可以实现远程或者异地控制；能够控制投影机，进行开/关机、输入切换等功能，并能够控制电动吊架、屏幕，实现上升、停止、下降等功能；能够控制实物展台进行放大、缩小等功能；能够控制音量，进行音量大小的调节功能；会议系统包括会议讨论系统、表决系统、同声传译系统和电视电话会议系统等的模拟操作。

（4）实训管理功能：包括教师端和学生端。提供实训项目的维护、启动、分配、执行、监控、评价、查询、统计功能。教师可方便地开展实训并控制和管理学生实训的整个过程。

（三）展览策划布展交互操作模拟软件

展览策划布展交互操作模拟软件能够使展览策划方案实现虚拟布展交互操作。功能如下：

（1）场馆选择功能：每个场馆具有三维场景（场馆内外）、平面图（整体平面图和室内楼层平面图）等内容；选择场馆时，用户可以通过场馆漫游，通过场馆平面图自动切换某个位置；软件具备场馆名称、场馆介绍、URL 链接、位置信息、区域信息、解说信息等；该软件与素材库软件信息共享。用户还可进行场馆的选择、修改、调整等功能。

（2）现场模拟功能：用户可通过导入区域场景文件来增加展位场景，可进行展位场景的增加、删除、数据（展位名称、展位介绍）修改功能；用户可进行展台整理、现场活动安排、咨询服务等操作。

（3）布展模拟功能：用户可导入设计及策划方案，在虚拟场馆中进行方案的发布和布展及展示。

（四）场馆与现场活动素材库软件

场馆与现场活动素材库软件具备漫游功能，用户可浏览各种场馆及活动现场。基本内容如下：

（1）场馆体验素材：系统素材库内包含 360 度实拍视频素材。包含代表性国内知名场馆含展馆、博物馆、美术馆、画廊等；代表性国外知名场馆含展馆、博物馆、美术馆等。通过软件可以在各类场馆中进行漫游体验。

（2）活动体验素材：系统素材库内包含 360 度实拍视频素材。内容包含国内外艺术品展览现场活动、国内外文化艺术论坛现场展示、国内外拍卖会活动、国内外艺术博览会现场活动、国内外大型文化活动、现场活动视频及图片，包含开幕式，闭幕酒会，论坛，新闻发布会，拍卖等活动流程、内容及相关解说。通过软件，可以进行各类现场及活动的体验及感受。

（3）布展及搭建素材：包含展位搭建材质包括标展材质、特展材质、灯具等；所有材质包含文字资料（包含对应的语音解说）、图片资料；主要材质有视频资料、三维资料；包括材质的查询、浏览、打印功能，支持触摸屏。

（4）控制系统，用户可通过控制端进行功能操作和控制；支持后台添加、删除和更新 360 度视频素材库。

二、硬件技术需求

（1）360 度沉浸式头戴显示设备系统（见表 1-1）。

表 1-1 头盔及技术规格需求

图 片	细节分类	技术规格需求
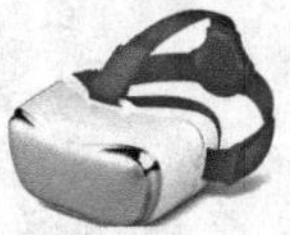	单眼分辨率 刷新率 追踪精度 追踪位置 主要性能	≥1200×1080 ≥90fps ≤0.1 度 ≥4.5m×4.5m 位置追踪的控制器，内置陀螺仪、加速度计和激光定位传感器等

（2）电脑及配套设备（见表 1-2）。

表 1-2 电脑及配套设备技术规格需求

图 片	设 备	技术规格需求
	电脑	Nvidia GTX 970/AMD 290 级别 英特尔 i5-4590 8GB 以上的内存兼容 HDMI 1.3 视频输出 2 个 USB 3.0 端口 Windows 7 SP1 或者更新版本

（3）3D 全景拍摄套装（见表 1-3）。

表 1-3 全景拍摄套装及技术规格参数

图 片	分 类	技术规格参数
	摄像机分辨率/帧速率（球面分辨率）	2.7K 4：3/30fps（7940×3970） 2.7K 4：3/25fps（7940×3970） 1440p/60fps（5638×2819） 1440p/50fps（5638×2819）
	视频格式	H.264 codec、.mp4 文件格式，45Mb/s（Protune™ 60Mb/s）等
	音频格式	48kHz，原始 PCM
	连接/控制	6 根迷你 USB 连接线； 1 个远程控制装置
	电源	6 颗可充电锂离子电池； 1 个 12V 电源输入端
	物理尺寸	≤120mm×120mm×120mm
	功能要求	同步六个摄像机阵列； 与阵列中的主摄像机互动，从而配置设置或启动全部六个摄像机的开始/停止录制功能； 8K 拍摄；高清 720 度 VR

三、登录操作指南

（1）登录。登录软件平台界面，可看到如图 1-1 所示界面。

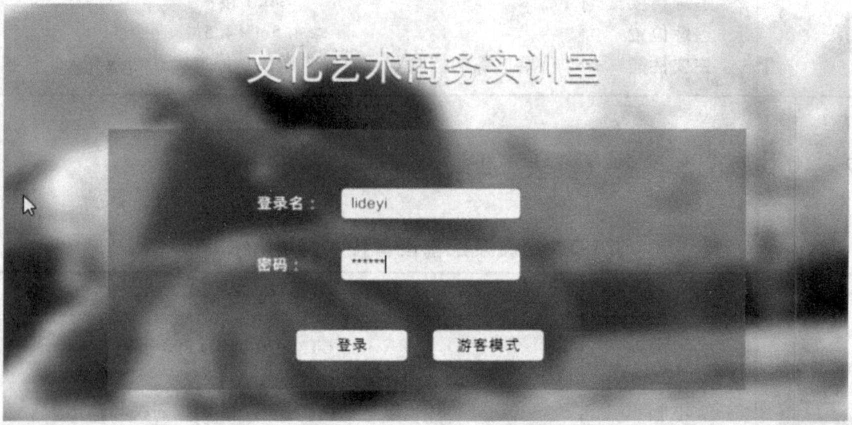

图 1-1 VR 软件登录

（2）点击鼠标，在界面输入登录名和密码，点击登录按钮登录，或者直接点击游客模式进行登录。

（3）主界面，登录进去之后会看到如图 1-2 所示主界面。

图 1-2 VR 实训软件界面

（4）steamVR 显示，在电脑界面上你会看到 steamVR（头盔，控制器，显示器）的界面，显示绿色就表示准备就绪，如图 1-3 所示。

图 1-3　steamVR 显示界面

（5）手柄（控制器）介绍如图 1-4 所示。

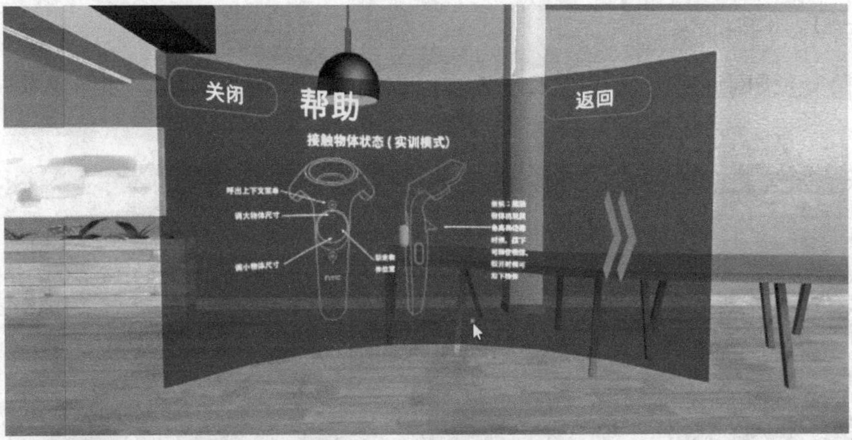

图 1-4　手柄控制器图示

（6）拿起手柄，点击手柄上的呼出主菜单按钮，进入主菜单界面，如图 1-5 所示。

该主菜单主要有会场实训、场馆实训、全景素材库、帮助 4 个操作界面，对准相应的界面，扣动手柄下方的扳机就能进入相应的界面。

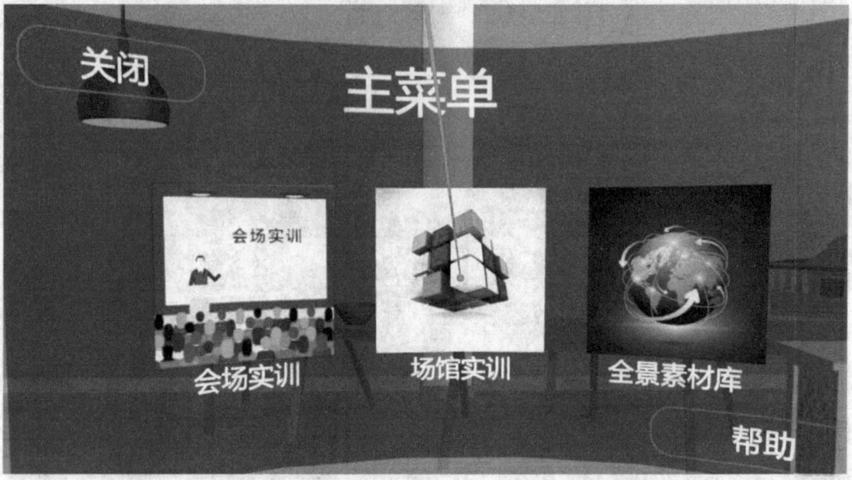

图 1-5 主菜单界面

四、后台维护指南

（一）网站进入

（1）登录网址进入文化艺术商务实训室用户登录界面首页，如图 1-6 所示。

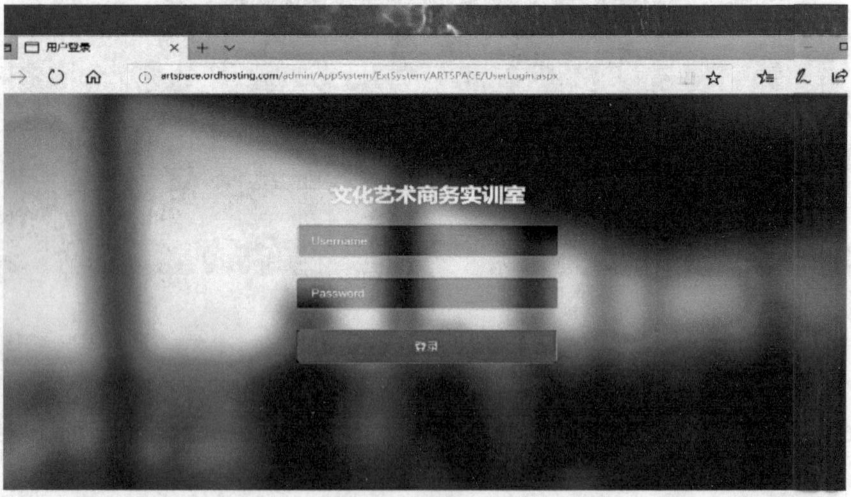

图 1-6 用户端登录界面

（2）鼠标点击界面中的长框，分别输入账号、密码，点击登录按钮登录文化艺术商务实训室。

（3）登录成功后会显示如下界面，如图 1-7 所示。

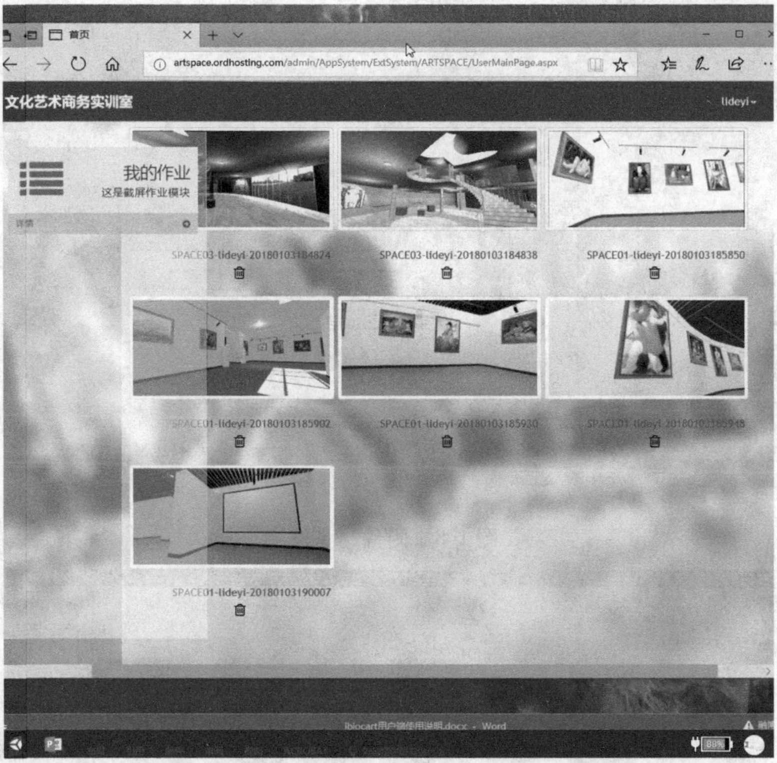

图 1-7　学生作业递交平台

（二）作业递交

（1）点击我的作业模块按钮，界面所呈现出来的就是学生登录后上传的作业界面，学生在实训平台里面做好的作品，模型可以上传到这个界面给其他同学进行展示，互相讨论与交流，点击图片正下方的“垃圾桶”可以把不需要的图片删除，如图 1-7 所示。

（2）附件与备注：把滚轴拉到底部则出现附件与备注界面，如图 1-8 所示。

（3）备注：在备注框里面可以添加对所上传的作品的说明评价，信息等。

（4）上传附件：在此界面可以点击浏览自己的作品并添加自己的作品到网站，点击浏览，添加作品到附件，如图 1-9 所示。

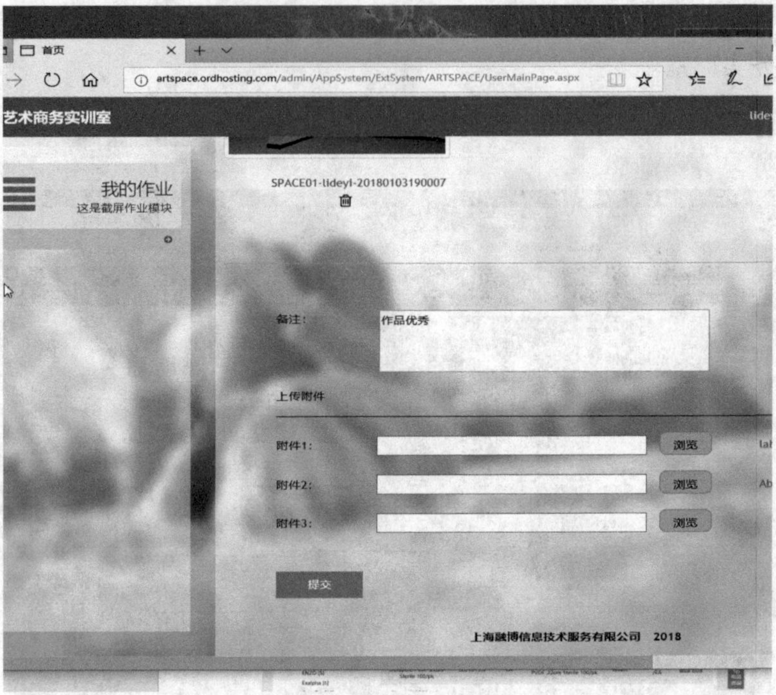

图 1-8 附件与备注

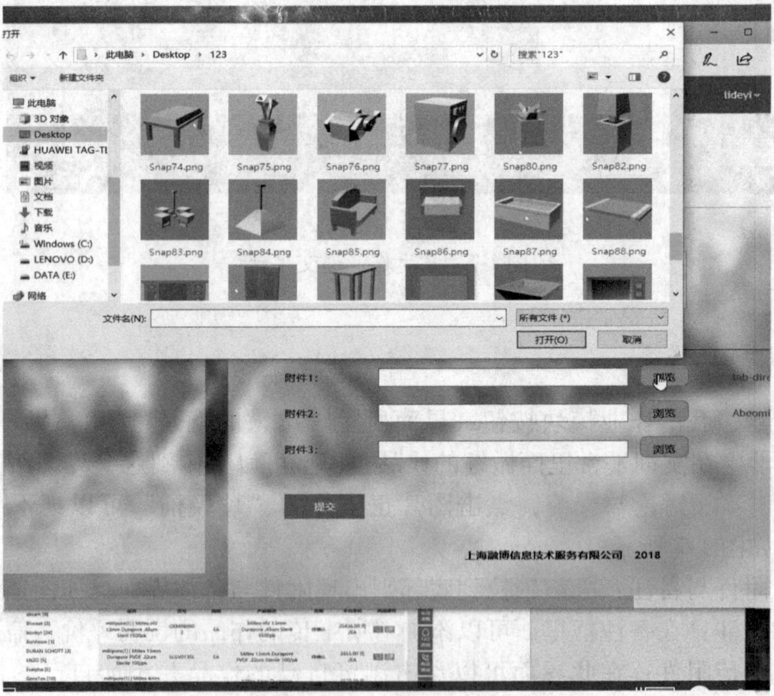

图 1-9 作品添加

（5）上传作品：编辑好所要上传作品，点击上传，则该作品上传成功如图 1-10 所示。

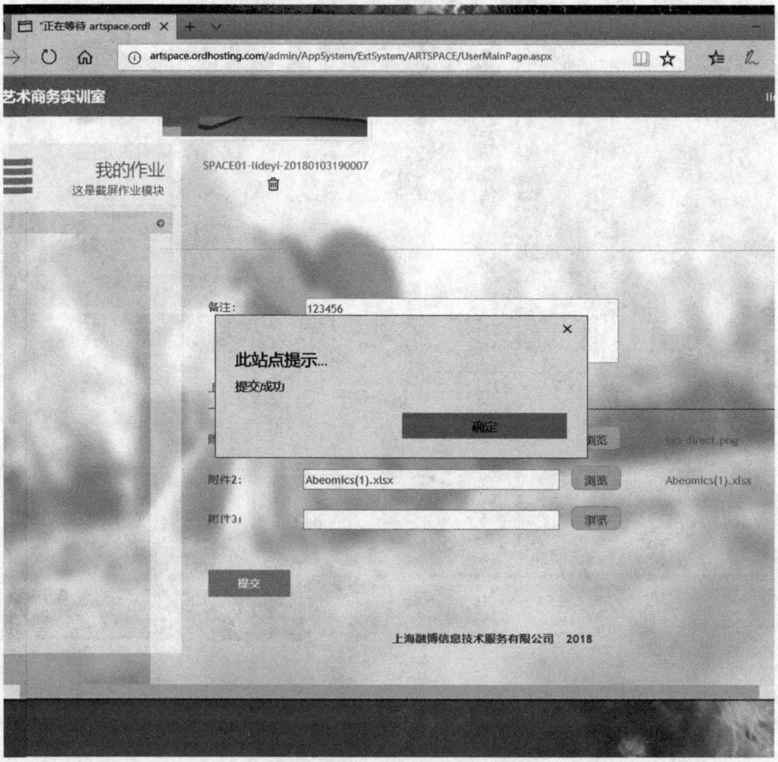

图 1-10　作品上传

（6）退出登录：如果操作完成，需要退出登录，则点击右上角鼠标所示界面，单击退出按钮退出登录，如图 1-11 所示。

（三）后台管理

点击输入账号进入文化艺术商务实训室管理端，如图 1-12 所示。

进入页面分为三大模块列表，如图 1-13 所示。

点击进入实训管理界面如图 1-14 所示。

（1）用户管理是添加可以登录的用户数量和用户账号，还可以根据姓名学号查找学生用户，如图 1-15 所示。

（2）作业管理是用于对学生提交的作业进行管理评分回执的，同时可以将学生的提交作业的信息和评分以 excel 的格式打印出来，方便了老师对作业内容的管理，如图 1-16 所示。

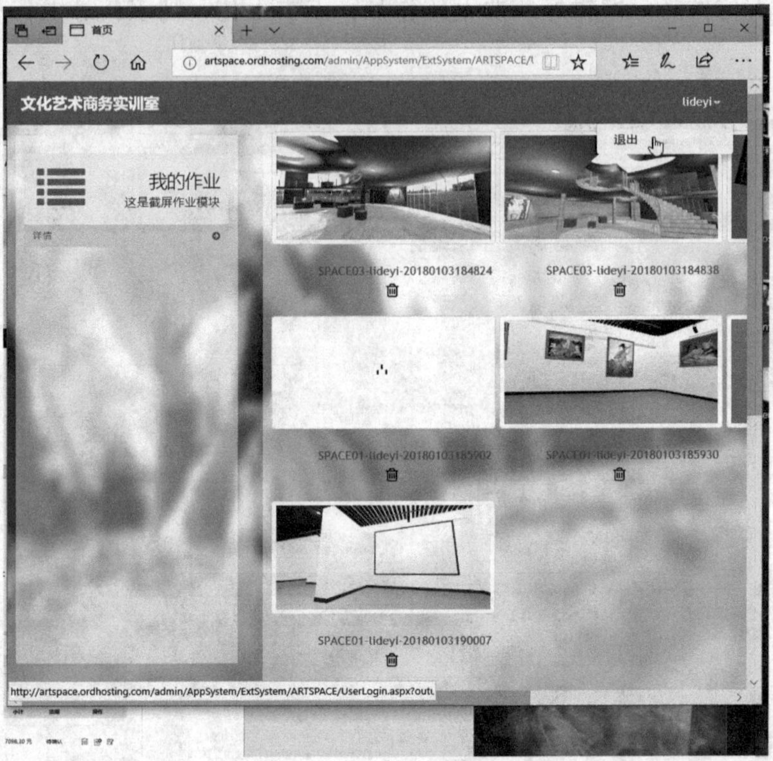

图 1-11 退出登录

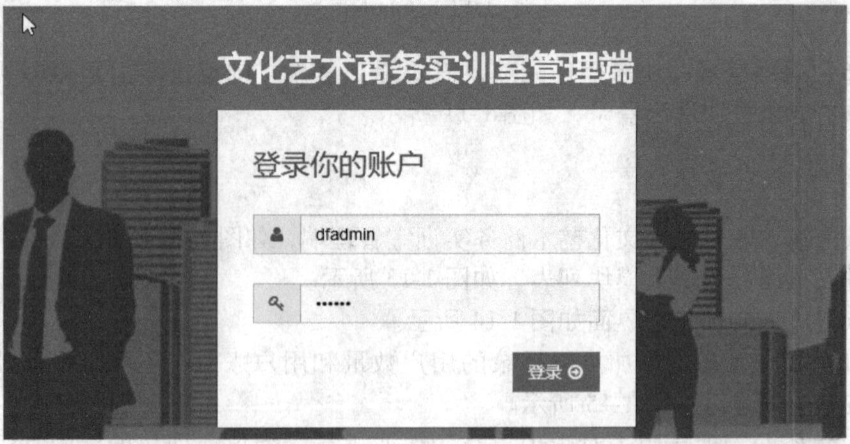

图 1-12 登录管理端

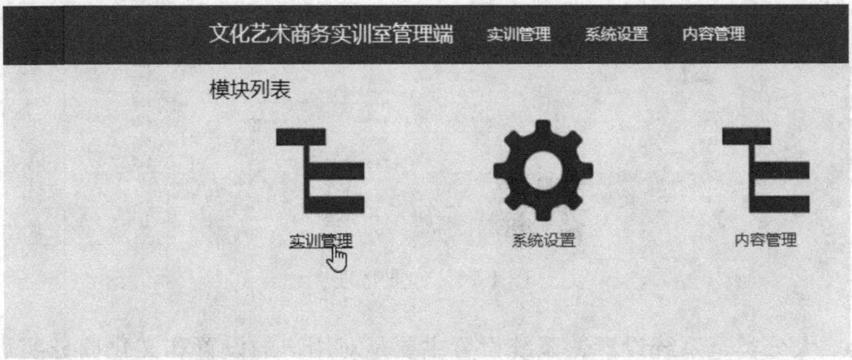

图 1-13　管理端模块界面

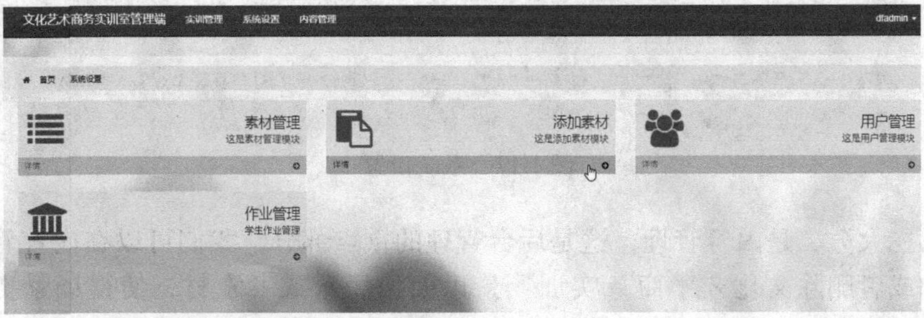

图 1-14　进入实训管理界面

图 1-15　用户管理界面

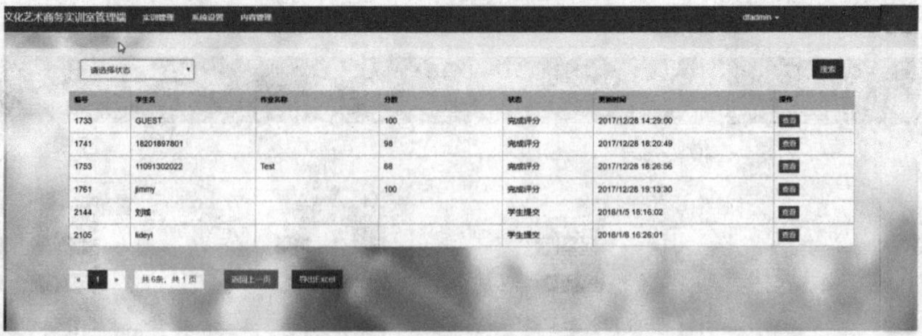

图 1-16 作业管理

第二大分类是系统设置，系统设置主要是对用户的设置和文化商务实训管理端的模块的增加或者减少进行设置的。内容如图 1-17 所示。

图 1-17 系统设置

第三大分类是内容管理，这是后台管理的重点部分，我们可以在内容管理里面添加或者删除文化艺术商务实训场景里面的场景或者素材，使得场景更加完善，如图 1-18 所示。

图 1-18 内容管理

第二章

场馆及活动现场 VR 交互体验

场馆与活动素材库软件，可以使学生足不出户就能观看到世界知名场馆及大型活动现场。全景素材库采用的是 360 度的全景体验，加上 VR 技术的融合应用，使得学生能够有种身临其境的感觉，去欣赏这些世界各地没有去过的场馆，既便是没有参加过的活动，也可从中激发想象力和创造力。通过全景素材的体验将会给学生的实践操作带来很多灵感，激发学习兴趣。

场馆与活动素材库软件操作情况如下：登录场馆与活动素材库软件界面，可看到如图 2-1 所示界面。

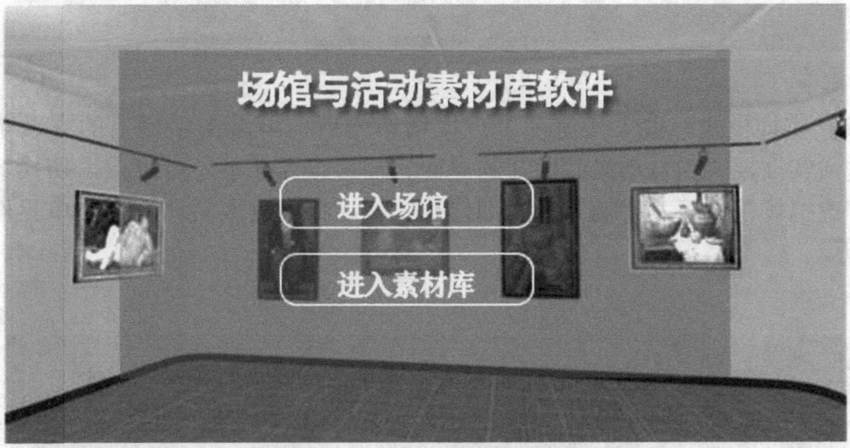

图 2-1　场馆与活动素材库软件登录界面

对准场馆或素材库扣动手柄下方的扳机，进入虚拟场馆及素材库。

第一节　场馆漫游实训

一、场馆软件操作指南

进入虚拟场馆界面：

（1）进入场馆。对准场馆实训扣动手柄下方的扳机，进入虚拟场馆，里面会呈现四种虚拟场馆。每种场馆均为 3D 建模，场馆具有三维内部场景和平面图，浏览场馆过程中能在平面图中看到实时位置，如图 2-2 所示。

图 2-2 场馆实训界面

（2）实训模式。进入任何一个虚拟场馆之后，再点击手柄上的主菜单按钮就会进入实训模式和自动漫游模式的界面，在这个界面里还可以点击切换场馆选项重回虚拟场馆界面。手柄对准实训模式，扣动扳机进入实训模式菜单界面如图 2-3 所示。

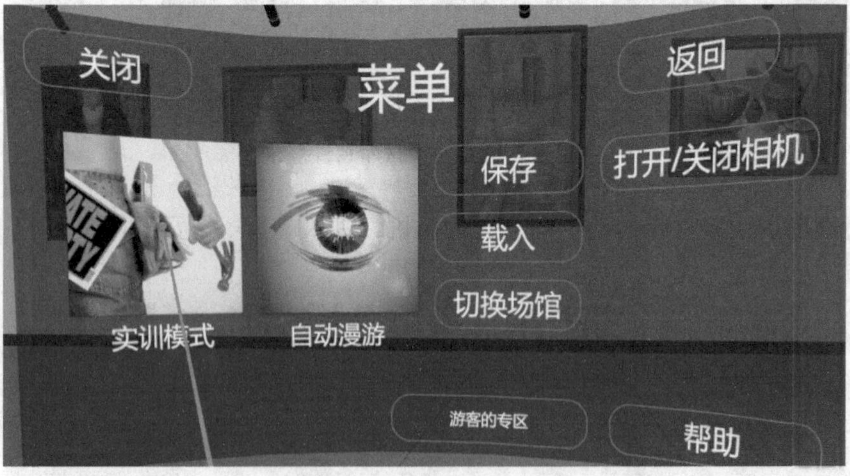

图 2-3 进入实训模式

在这个界面里有浏览物品库和浏览艺术品库等选项，手柄对准浏览物品库，扣动扳机就能进入该界面浏览近千个左右的分类素材。同时还可以根据菜单里的风格，类别等项目搜索需要的素材进行交互，操作如图 2-4 ~ 图 2-6 所示。

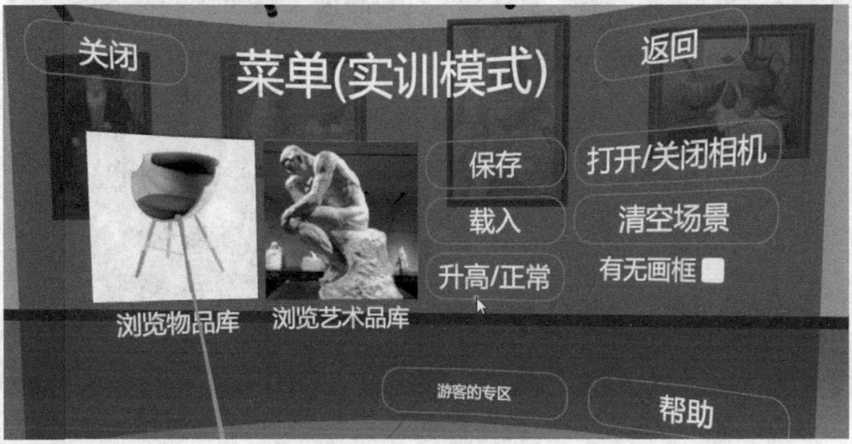

图 2-4　进入浏览物品库

图 2-5　浏览物品素材

点击浏览艺术品库，进入艺术品素材浏览界面，可以浏览里面的艺术品并进行交互。如图 2-6 所示。

图 2-6 按类别浏览

实训模式中，学生可以对所选的物品、艺术品进行摆放，改变物品、艺术品的大小，位置高低等操作，给学生以场馆布置体验，提升其布展能力。

（3）自动漫游。点击主菜单到自动漫游界面，对准该界面扣动扳机，此时进入自动漫游模式，如图 2-7 所示。

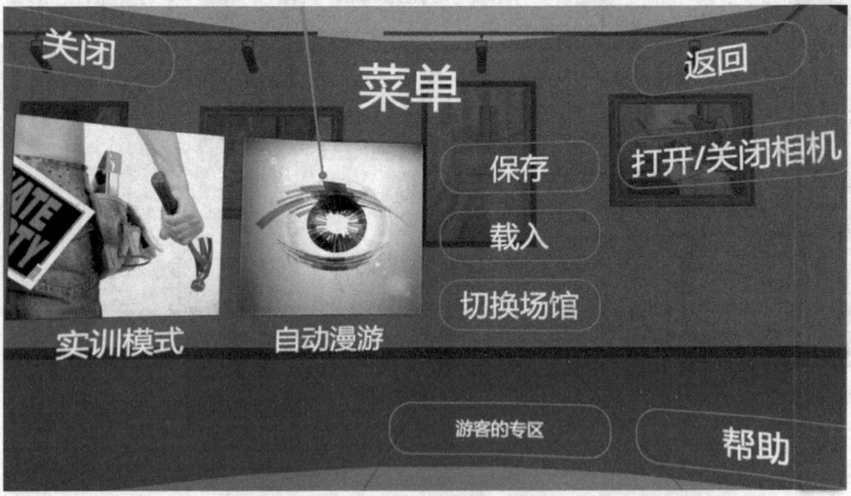

图 2-7 进入自动漫游模式

进入场馆（如图 2-8 所示），可了解场馆地图与场馆介绍：点击手柄上的主菜单按钮，则进入该场馆（见图 2-9）与场馆地图（见图 2-10）介绍界面，浏览完毕点击右上角返回按钮退出浏览。

图 2-8　进入场馆

图 2-9　场馆介绍

图 2-10 场馆地图介绍

二、场馆素材介绍

进入软件中的各类场馆及活动现场，都有相应的语言介绍并可以进行交互操作，从各个角度及不同的距离去体验及参观。

（一）国内场馆交互操作素材

1. 国家博物馆

中国国家博物馆（National Museum of China）简称国博（见图 2-11），位于北京市中心天安门广场东侧，东长安街南侧，与人民大会堂东西相对，是历史与艺术并重，集收藏、展览、研究、考古、公共教育、文化交流于一体的综合性博物馆，是世界上单体建筑面积最大、中华文物收藏量最丰富的博物馆，整体规模在世界博物馆中位居前列，是全世界最受游客欢迎的博物馆之一。

中国国家博物馆总建筑面积近 20 万平方米。通过 VR 虚拟体验，我们可以了解国博的特色建筑及其藏品。进入场馆，可以观看到近 100 余万件藏品，展厅数量 48 个。通过手柄操作，可以拉近藏品展示距离，进行观看。

2. 上海 K11 艺术中心

上海 K11 艺术中心（图 2-12）坐落于上海市淮海路的黄金地带，是上海最具特色的互动艺术乐园、最具舞台感的购物中心、最潮的多元文化社区枢纽。地下三层至地上六层，面积约 40000 平方米，周围配套设施成熟。K11 秉持着扶植

图 2-11 国家博物馆

本地、地区性及国际当代艺术发展的使命，引领时尚与艺术的跨界趋势，提供国际及中国艺术家和观众崭新的视角及全球艺术平台。

图 2-12 上海 K11 艺术中心

通过 VR 体验，我们可以体会艺术中心的“艺术·人文·自然”三大核心元素，感受将艺术欣赏、人文体验、自然绿化以及购物消费融为一体的独特五官享受。同时，我们也可以体验同期的艺术展，如 2017 年 6 月 22 日的国际时尚艺术大展 < Fantasy Access Code > 以及中国当代艺术展 < Fantasy Creator >，其盛大的开幕仪式、不仅有横跨设计、时尚、艺术领域三大领域的创意作品，展厅内还设置了众多拍照亮点和互动环节，这些都增加了观展过程的体验及娱乐性。现场展出情况如图 2-13 ~ 图 2-15 所示。

图 2-13 嘉宾合影

图 2-14 展览现场（一）

3. 中国陶瓷博物馆

中国陶瓷博物馆成立于 1954 年 1 月，是国内第一家专题性陶瓷博物馆（见图 2-16），其前身是景德镇陶瓷馆（老馆），新馆坐落在景德镇西市区美丽的昌南湖畔。博物馆总占地面积近 5.5 万平方米，总建筑面积 3.2 万平方米，由常设展厅、临时展厅、学术交流区、公共活动空间、文创商业区、办公区、多功能互

图 2-15 展览现场（二）

动区、库房区等组成，满足收藏、展示、研究、培训和教育等各项功能需求，成为集陶瓷精品展示、陶瓷学术研究、陶瓷文化传播、陶瓷知识教育于一体的公益性公共服务平台，让观众回眸景德镇“肇自然之性、成造化之功”的陶瓷发展历程，品味中华民族博大精深的文化盛宴，从实现中国梦和中华民族伟大复兴的高度，全方位、多角度、深层次地向世人展示中国陶瓷和千年瓷都的历史辉煌。

图 2-16 中国陶瓷博物馆

通过 VR 体验，我们可以观察到中国陶瓷博物馆的外部建筑，其主体建筑隐在两山之间，正立面外形中间圆形建筑仿佛一件精美的陶瓷器型，两侧建筑如一双大手，寓意“拉坯成型”；玻璃幕墙外钢护网成冰裂纹状，与陶瓷裂纹釉相似；通透的屋顶采用自然光源节能环保，寓意“玲珑剔透”；顶层的通廊向上高挑，寓意“通向未来”；整个建筑平面从空中俯瞰，犹如一架水车在运转。

进入场馆，我们可以看到，馆内收藏了新石器时代的陶器和汉唐以来各个不同历史时期的陶瓷珍品重器 3 万余件（其中国家珍贵文物 500 余件），涵括了景德镇千年制瓷历史长河中的代表品种。

4. 山西工艺美术馆

山西省工艺美术馆是山西省国家级博物馆，建筑面积 2500 平方米，总面积达 5000 平方米。进入场馆，可以看到，该博物馆由大院“三晋三雕文化墙”、一层“中国工美珍宝馆太原店”、大院“活动中心剪纸馆”、二层“山西黄河画院画廊”、七层“山西工艺美术精品”组成。

馆内主要陈列：中国各省工艺美术大师、山西省国家级、省级工艺美术大师、山西省国家级、省级非物质文化遗产手工技艺传承人、山西省历年国家级“百花杯”、“金凤凰”奖项获得者、和山西省传统工艺美术保护与发展资金扶持项目、书画艺术与工艺美术相结合的艺术作品以及山西省工艺美术企业和手工艺人的精品力作 2000 余件，馆藏品 200 余件，见图 2-17。进入场馆，在讲解员的介绍下，可以虚拟参观各种艺术作品。

图 2-17 山西工艺美术馆

5. 山东省文化馆

山东省文化馆成立于 1957 年，2007 年经省编办批准同意加挂山东省非物质文化遗产保护中心牌子，2013 年更名为山东省文化馆（省非物质文化遗产保护中心），是全省重大群众文化活动组织指导策划中心、公共文化辅导培训中心、群众文艺作品创作及群众文化理论研究中心、非物质文化遗产保护中心。隶属于山东省文化厅，国家一级文化馆。其主要功能是传播普及文化知识，开展对外文化交流，挖掘整理保护非物质文化遗产等职能。原馆址坐落于济南市市中区杆南西街27号，新馆位于济南市经十一路十四号，建筑面积14200平方米。与名胜千佛山毗邻，交通便利。建筑外观雄伟，见图2-18。

图2-18 山东省文化馆

该馆馆外配置了多媒体艺术灯光系统，艺术氛围浓厚。在主楼中间、平台之上设立了40多平方米的LED屏幕，举办活动时可作为舞台背景，平时可播放有关的宣传视频。进入文化馆内，我们可以看到主楼大厅设有大型壁画《齐风鲁韵、盛世群星》，东西两侧设计了《稷下争鸣》和《杏坛六艺》锻铜浮雕壁画，凸显了现代群众文化和齐鲁文化的相互融合。室内划分为群众文化活动区、专业研究和办公区、非物质文化遗产传习展示区三大区域，设有多功能厅、各专业艺术门类排练厅、辅导培训教室、书画展厅、非物质文化遗产传习厅和精品陈列厅、群星舞台、图书资料室、电子阅览室、视听体验室、群星画廊等群众文化活动场所20余处。室外划分为群众文化广场区域、东庭院区域和中庭院区域三个区域。其中，群众文化活动广场占地面积约4000平方米，能够举办1000余人中小型文化活动；东庭院区域为中老年活动广场，面积500平方米，建有小型演出戏台；中庭院区域为少儿活动区，面积720平方米，中间建有青少年读物书报亭，四周建有环廊，可组织少儿书画展览等。

（二）国外场馆交互操作素材

1. 东京国立博物馆

东京国立博物馆创建于明治四年（公元 1871 年），现在的建筑完工于 1938 年，是日本最早的国立博物馆，也是日本最大的博物馆，位于东京台东区上野公园北端。它由一幢日本民族式双层楼房和左侧的东洋馆、右侧的表庆馆以及大门旁的法隆寺宝物馆构成，共有 43 个展厅。陈列面积 1.4 万余平方米，约有 11 万件收藏品，其中国宝 87 件，重要文物 634 件，以及一些受委托保管的文物。

通过 VR 体验，我们可以参观东京博物馆场馆内外建筑及文物。博物馆的主体建筑由象征日本历史的建筑物构成，历来被称之为“美术馆建筑与博物馆建筑的博物馆”，目前主要是为举行活动的会场。馆内主要展示那些受环境影响比较小的文物，比如宝石、金属制品、石器等相关物品可以在这里举办展览。馆内收藏了十几万件日本历史文物和美术珍品，其中有 70 件被定为国宝。展品分为雕刻、染织、金工、武具、刀剑、陶瓷、建筑、绘画、漆工、书道等类别，反映了日本社会各个时期的文化艺术和人民生活概貌（见图 2-19）。

图 2-19 东京国立博物馆

2. 法国卢浮宫

卢浮宫（Musée du Louvre）（见图 2-20），中世纪的法国王城，当今世上最具代表性的博物馆之一，位于巴黎市中心的塞纳河北岸（右岸），是巴黎的心脏，始建于 1204 年，历经 800 多年扩建重修达到今天的规模。占地约 198 公顷，长

680米，分为新老两部分，老的建于路易十四时期，新的建于拿破仑时代。宫前的金字塔形玻璃入口，是华人建筑大师贝聿铭设计的。它的整体建筑呈“U”形，占地面积为24公顷，建筑物占地面积为4.8公顷，全长680米。它是世界上最著名、最大的艺术宝库之一，是举世瞩目的万宝之宫。1793年8月10日，卢浮宫艺术馆正式对外开放，成为一个博物馆。

图2-20 卢浮宫

卢浮宫展示了各种世界艺术创作的广阔全景，展示年代跨越西元前三千年至十九世纪中叶，是全世界最伟大的博物馆之一。馆中所藏作品包括达·芬奇的《蒙娜丽莎的微笑》画像、米罗的《维纳斯》雕像等作品，几乎已成为艺术品的代名词；其充满历史及时代特色的华丽建筑与庭园，始终让参观的游客惊叹不已。

3. 伦敦大英博物馆

大英博物馆（British Museum）(见图2-21)，又名不列颠博物馆，位于英国伦敦新牛津大街北面的罗素广场，成立于1753年，1759年1月15日起正式对公众开放，是世界上历史最悠久、规模最宏伟的综合性博物馆，也是世界上规模最大、最著名的世界四大博物馆之一。

进入场馆，我们可以看到博物馆收藏来自世界各地的许多文物和珍品，及很多伟大科学家的手稿，藏品之丰富、种类之繁多，为全世界博物馆所罕见。英国国家博物馆拥有藏品600多万件。主要是英国于18世纪至19世纪发起的战争中掠夺得来。主要受害国家包括希腊、埃及及中国等。由于开放，原来主要收藏图

图 2-21 大英博物馆

书，后来兼收历史文物和各国古代艺术品，其中不少是仅存的珍本。18 世纪至 19 世纪中叶，英帝国向世界扩张，对各国进行文化掠夺，大量珍贵文物运抵伦敦，数量之多，英国国家博物馆盛不下，只得分藏于各个博物馆。埃及文物馆是其中最大的陈列馆，有 7 万多件古埃及各种文物，代表着古埃及的高度文明。希腊和罗马文物馆、东方文物馆的大量文物反映了古希腊罗马、古代中国的灿烂文化。

4. 波士顿美术博物馆

波士顿美术博物馆建于 1870 年，是由哈佛大学波士顿图书馆和马萨诸塞理工学院为展出它们收藏的艺术品而倡议筹建。于美国建国 100 周年纪念日 1876 年 7 月 4 日正式于科普利广场开馆。后迁至现址的新馆于 1909 年 11 月 15 日对外开放。

波士顿美术博物馆以收藏东方艺术品著称于世，现藏有中国和日本绘画 5000 余幅。其中有相当数量的宋、元时期名画，如保存完好的唐张萱《捣练图》宋代摹本、宋徽宗《五色鹦鹉》等。其他绘画藏品也十分丰富，有格列柯、委拉斯贵兹、提香、丁托莱托、罗梭等人的作品，有伦勃朗、鲁本斯、普桑、夏尔丹、库尔贝、马奈、德加、华托、雷诺阿、保罗·塞尚、梵·高的作品。

该馆共设有美国装饰艺术和雕塑、亚洲艺术、古典艺术、埃及和古代近东艺术、欧洲装饰艺术和雕塑、绘画艺术、印刷、素描和照片、纺织、20 世纪艺术 9 个部门 178 个展室（见图 2-22）。其中亚洲艺术品的收藏最为丰富，堪与世界各大美术馆相媲美。不仅有中国、日本、朝鲜等国的青铜、陶瓷、绘画、书法、纺织品、雕塑等上下五千年的各类艺术瑰宝，如著名中国古画唐阎立本《历代帝王图》、宋徽宗摹唐张萱《捣练图》、明张宏《句曲松风图》等，还有亚洲各地的伊斯兰教、印度教和佛教艺术的珍品。

图 2-22 波士顿美术博物馆

走进波士顿美术博物馆，会看到展品有按地理位置分布的，也有按展品类别分布的。从地理位置上分，有亚洲馆、非洲馆、美洲馆、欧洲馆等。按展品类别分，有古典艺术、乐器、当代艺术、欧洲绘画等。由于展馆众多，展品丰富，如果每件展品都要细看一番，那就是在博物馆待上三天，也许就看不完全部展品。所以，只有波士顿当地市民才有可能对每件展品都品味一番。对大多数游客来说，全都只能走马观花地浏览一下，或是对自己感兴趣的展馆进行重点参观。

5. 纽约大都会艺术博物馆

大都会艺术博物馆（Metropolitan Museum of Art）（图 2-23）是美国最大的艺术博物馆，也是世界著名博物馆，位于美国纽约第五大道的 82 号大街。该博物馆占地面积为 13 万平方米，它是与英国伦敦的大英博物馆、法国巴黎的卢浮宫、俄罗斯圣彼得堡的艾尔米塔什博物馆齐名的世界四大博物馆之一，并与和其同在纽约的联合国总部一起，构成了人类（或者叫做世界）过去跟未来的两大交汇点，前者（大都会博物馆）记录着人类的（或者叫做世界的）过去，而后者（联合国总部）则在描绘着或者说在规划和展望着世界的或者说人类的未来。截至目前，该馆目前共收藏有 300 万件展品，是世界上首屈一指的大型博物馆。

图 2-23 大都会艺术博物馆

走进大都会艺术博物馆，我们可以看到藏有埃及、巴比伦、亚述、远东和近东、希腊和罗马、欧洲、非洲、美洲前哥伦布时期和新几内亚等各地艺术珍品330 余万件。包括古今各个历史时期的建筑、雕塑、绘画、素描、版画、照片、玻璃器皿、陶瓷器、纺织品、金属制品、家具、古代房屋、武器、盔甲和乐器。

6. 德意志博物馆

慕尼黑作为德国南部最大的城市和经济中心，不仅有闻名遐迩的啤酒和足球，也是一座博物馆之城。这里汇集着 70 多座高水平的博物馆，涵盖艺术、历史、科技、技术、生物等各个领域。其中，德意志博物馆（deutsches museum）是世界上最大的科技博物馆（图 2-24）。

图 2-24 德意志博物馆

德意志博物馆成立于1903年6月28日，馆址于1925年更换到了慕尼黑市伊萨尔河（Isar River）中的一个岛上，周围是流水树木形成幽美的环境。展览馆是一个四层口字形建筑，有展览面积5万平米。内院的另一侧为图书馆和科技史研究所。图书馆收藏书籍60万册，杂志2000种，有五个大会议厅，可供3000人举行科学会议和其他活动。馆内还有电影厅和供观众用膳的营业餐厅。每年要接待近500万人次的游客，展出的展品有约28000个主题，涉及50多个科技领域。

全馆有收藏品约5万件，其中展出的仅占1/3。展览内容包括物理、化学、农业、资源、矿业、冶金、金属加工、动力机械、汽车、铁道、隧道工程、公路与桥梁、水利、电力、通讯、船舶、航空和宇宙飞行、化工、玻璃工艺、纺织、计量、乐器、摄影、印刷。馆内有天文台和天象馆各一座。此外还收藏肖像、手稿、钱币等文物。

第二节 展会及活动实训

一、活动素材库操作指南

扣动扳机则进入全景素材库，该菜单包含展览、论坛、拍卖会、艺术博览会、大型文化活动等内容，选择不同的内容进入相应的现场进行浏览参观，如图2-25～图2-27所示。

图2-25 按地域浏览素材

图 2-26 浏览活动现场

图 2-27 按风格浏览素材

二、活动素材介绍

该软件活动素材包含艺术品展览、文化艺术论坛、拍卖会、艺术博览会及大型文化活动，通过 VR 体验，我们可以感受现场活动气氛，熟悉活动流程，为市场调研及项目策划提供素材，激发想象力及创造力。

（一）艺术品展览

1. 转媒体艺术 + 京剧展

“转媒体艺术 + 京剧”展是国家艺术基金支持的项目，于 2016 年 12 月 10 日在杭州著名的西泠印社美术馆开展（见图 2-28）。开幕展场内上演了一场当代高科技的“实时虚拟现实转媒体京剧秀”。这是一场最前沿时尚的中国传统戏曲艺术的转媒体视觉盛宴。通过 VR 体验，我们可以感受到现场的热烈气氛。

图 2-28 “转媒体艺术 + 京剧”展览现场

京剧表演艺术家在美术馆构成式的实景剧场中演出，进馆的观众可以通过 VR 眼镜，以一种特别的戏曲身份转换，在这个特别的展演空间观看一场绝炫的虚拟现实京剧展演。同时，也可以身临其境地体验到这场当代构成空间中的国粹视觉秀。这种 VR 体验不仅会有非常真实的感受，同时也给了参观者意想不到的惊喜，激发各种想象力。

2. The Gasparilla 艺术节展览

詹姆斯坦珀湾艺术节诞生于 1970 年。20 世纪 60 年代，由著名建筑师汉普顿设计的坦珀湾标志性建筑——园艺展览大厅里常有许多先锋派艺术家举办展览，周围的民众也常来参加，这遭到了一些思想保守人士的攻击。1969 年的展览出现了裸体绘画作品，引起了地方主管部门的不满，后来展览被迫取消。先锋艺术家们只好寻求新的展览地点，在找到合适的新地点之前他们不得不在街道上举行临时展览，而这反而吸引了当地民众的注意，他们对这些与平时看到的美术风格迥然不同的作品表现出了极大的兴趣。参展艺术家们也意识到这种风格反差所带来的社会效应，后来主办方终于说服了有关部门，取得了社区的支持。正是在艺术家、街区商人、企业老板、社区主管和热爱艺术的民间人士等的共同努力下，坦珀湾艺术节正式诞生。1973 年佛罗里达州坦珀市在艺术节上开始设立市长奖，奖金数额虽不及艺术节中的其他奖项奖金高，但它的荣誉性质很受参展艺术家的喜爱。后来詹姆斯财团成为该艺术节主要的组织者。

作为全球知名的另类艺术展览会，素材库中的 Raymond James Gasparilla 艺术节 VR 虚拟视频中我们可以在一个不断变换的 360 度的圆周环境中进行艺术画的展示与欣赏（见图 2-29）。在 VR 中我们可以 360 度全方位的欣赏艺术作品，周围的环境从一个密闭的房间到灌木丛到广阔的沙滩再到平静的公园最后再汇合成一副巨大的画卷，在场景变换中欣赏作品的同时，也能激发观看者的灵感。

图 2-29 “The Gasparilla 艺术节”展览现场

（二）文化艺术论坛

1. IFI 国际室内设计日论坛

“国际室内设计日”是由国际室内建筑师设计师团体联盟（IFI）发起的一项

全球设计界的年度盛事，是每年一度的全球设计师的专属节日（见图 2-30）。旨在引起公众对室内建筑/设计的关注。专业人士、协会组织、设计爱好者及公众都纷纷积极参与到该盛事中，并就室内设计在社会、文化以及未来建筑环境的作用发表远见卓识，充分发挥自己创造力、想象力和巨大热情。

图 2-30　“IFI 国际室内设计日”论坛现场

通过 VR 体验，我们可以身临其境，感受论坛现场探讨的热烈气氛，透过大师的语言及影像分享，激发听者之灵感。

2. 上海国际室内设计节

上海，如同世界其他创意城市一样，根植在文化基因中的东方风韵与全球化的时尚潮流，带给设计师们无穷的创意灵感。上海国际室内设计节自 2010 年 2 月上海被联合国教科文组织命名为“创意城市－设计之都”以来，已连续成功举办了八届，它是《上海市文化创意产业三年行动计划（2016～2018 年）》中与“电影节”、“旅游节”并列的文创节庆活动。上海国际室内设计节历经努力，实现了“把上海打造成亚太地区室内设计的集聚中心与合作交流平台，形成中外室内设计师的人才集聚效应和设计引领产业的示范效应”，成为上海设计之都拥抱世界、贴近市民、引领产业的一张名片。

2016 上海国际室内设计节主题“设计 · 亚洲”，在开幕式上邀请国际顶尖设计大师齐聚上海，巅峰讲演，探索东方与西方的碰撞，传统与现代的交融，设计与人文的互动（见图 2-31）。

图 2-31 “上海国际室内设计节”现场

（三）拍卖会

1. Hollis Morgan 拍卖会

拍卖是财产权利转让的最古老方式之一，据有关史料文字记载，最早的拍卖活动产生于公元前五世纪。古希腊历史学家希罗多德的《历史》一书中就记载了古巴比伦城每年举行的拍卖已婚妇女的情况。公元二世纪末古罗马出现了拍卖行。

现代文明的拍卖模式始于 18 世纪的英国。1744 年和 1766 年，伦敦先后成立的两家拍卖行“苏富比”和“佳士得”。对以后全球二百五十多年的拍卖业产生了巨大的影响。

作为艺术收藏家族，摩根家族对整个艺术品收藏贡献巨大。从古登堡圣经、弗美尔和庚斯博罗的绘画、中国的瓷器、中世纪的地毯到英国 19 世纪初期样式的家具，“摩根从不在乎为购买艺术品花费巨资”。他的藏品已充塞屋宇、难以尽览。到 1912 年止，他已经花费了 6000 万美元，相当于现在的 10 亿美元。今天的我们还能从皮尔庞特·摩根图书馆中窥探到当时的盛况。这实质上是一家收藏丰富的博物馆，它位于纽约曼哈顿中城的东三十六街与麦迪逊大道（Madison Avenue）交会处，占地从南至北由三十六街到三十七街的整个路段；而从西到东则占了三十六街的半个街段。其建筑本身就是一件了不起的艺术品。它的外观采用简洁的古典设计，以取材自田纳西州的粉红色大理石来构建外墙，正门是圆拱式及双廊柱的十六世纪的罗马风格。室内的圆形大厅和图书馆圆拱顶天花板，配合着这种风格，以杂色大理石的镶嵌来强调其肌理；又以青金石（Lapis lazuli）的廊柱和斑岩（Porphyry）的地板作对比，显得辉煌壮丽。

VR 全景视频中的 Hollis Morgan 拍卖会（见图 2-32）与大多数的正式拍会场一样，在固定的时间，固定的地点，通知竞买人前来参加竞拍，以公平，公正，公开的方式进行物品的拍卖。通过 VR 体验，可以亲身感受拍卖会现场气氛。

图 2-32 “Hollis Morgan 拍卖会”现场

2. Harcourts 拍卖会

Harcourts 公司总部位于新西兰，其在温哥华的公司于 2016 年 7 月成立。Harcourts 拍卖会（见图 2-33）的拍卖现场看起来比较随意，自由。没有固定的座位，没有拘谨的形式主义，所有竞买人和委托人在欢快流利的解说中参与竞价，最终大家在欢愉声中结束了一场充满火药味的价格之争。

VR 全景视频体验中，我们可感受到现场轻松的气氛，并心情愉悦地参与到拍卖会现场中。

（四）艺术博览会

1. 魔幻二次元 AR/VR 动漫游戏博览会

魔幻二次元 AR/VR 动漫游戏博览会（见图 2-34）是由上海漫古文化发展有限公司、上海堃之会展服务有限公司主办，首届于 2016 年 5 月在上海世博展馆举办。目前已举办过四届。该博览会是聚合动漫游戏、增强·虚拟现实行业的盛

图 2-33 “Harcourts 拍卖会”现场

会，秉承创新、协调、绿色、开放、共享的发展理念，通过市场化、专业化、规模化、品牌化运作促进动漫游戏、AR/VR 应用与智能终端领域的产业发展。致力打造动漫游戏、AR/VR 以及智能科技领域的商务平台。

图 2-34 魔幻二次元 AR/VR 动漫游戏博览会现场

第四届神州行·魔幻二次元AR/VR动漫游戏博览会（ARAG EXPO）紧紧围绕“动漫、科技”主题，致力打造动漫游戏、AR/VR以及智能科技领域的商务平台，秉承创新、协调、绿色、开放、共享的发展理念，通过市场化、专业化、规模化、品牌化运作，促进动漫游戏、AR/VR应用与智能终端领域的产业发展。展会同期举办投融资路演、新品发布会、高峰论坛、电子竞技大赛等各种活动。来自全球动漫游戏、增强现实、虚拟现实、智能终端、智能机器人、无人机、行业内优秀企业、科技文化园区、科研院所、行业媒体以及社会大众参与此次博览会。

2. 中国国际丝绸博览会

中国国际丝绸博览会（SILK EXPO）暨中国国际女装展览会（MODECHINA）是中华人民共和国商务部和杭州市人民政府主办的全球唯一集丝绸和女装为一体的商贸平台（见图2-35），自2000年起，已经连续举办16届，顺应“一带一路”国家发展战略，2016年中国国际丝绸博览会暨中国国际女装展览会以“丝博会重走丝绸之路”为主题，十展联动，走出国门，全球布局。该展会是集丝绸产业链前端技术、设备、品牌企业、制造企业、关联产业及终端渠道资源融入的专业展会，一个更加优化的丝绸生态系统。

图2-35 中国国际丝绸博览会现场

（五）大型文化活动

1. 内蒙古背歌会

位于内蒙古赤峰市宁城县三座店乡的背歌抬歌民间艺术，起源于19世纪初，距今已有200多年的历史，是地域特色十分鲜明的民间艺术。2010年，被确定为自治区级非物质文化遗产。多年来，特别是改革开放以来，宁城县三座店乡为传承民间艺术，丰富群众的文化生活，在每年的元宵节都坚持以弘扬优秀传统文化与现代文化相结合的原则，举办以大型文艺演出、民间艺人表演、抬歌、背歌展示为主的元宵节庙会（见图2-36）。

图2-36 内蒙古背歌会现场

通过VR体验，我们可感受现场热情洋溢的气氛，大家载歌载舞，具备鲜明的民族特色。

2. Vivid Sydeny 灯光音乐节

“缤纷悉尼灯光音乐节”（Vivid Sydney）由新南威尔士州旅游局、新南威尔士州政府旅游与重大节事活动专管机构策划、主办，自2009年创办以来，规模逐渐扩大，目前是全球规模最为庞大的音乐、灯光、概念性艺术节之一。该灯光音乐节是一个位于悉尼具有身临其境的灯影变幻户外年度灯光节。灯光节作为一个冬季活动，每年于五月至六月中的三周在悉尼举行。灯光节的主要装饰由灯影雕塑，多媒体互动作品和建筑物投影组成（见图2-37）。而建筑投影会将各种建筑物和地标，比如悉尼歌剧院、悉尼海港大桥以及悉尼中央商务区，变成一幅户外夜间艺术画布。灯光节期间还有本土和国际音乐家表演、思维交流论坛。在论坛上，创意领袖引领公众对艺术进行交流与辩论。

“缤纷悉尼灯光音乐节”（Vivid Sydney）每年吸引着数以万计的游客前往悉尼。它是全球最大的灯光、音乐和创意节，也是澳大利亚最大的活动，缤纷悉尼

图 2-37 Vivid Sydney 灯光音乐节

灯光音乐节是创意产业的一大盛会，活动举办地点遍布悉尼市，包括沿着标志性的悉尼港海滩（包含悉尼歌剧院和海港大桥（Harbour Bridge））进行灯光投影。2017 年该灯光艺术节吸引了 233 万人次参加，为新南威尔士州带来超过 1.43 亿澳元旅游收入。

进入虚拟现场，我们可以看到美轮美奂的灯光艺术展色彩斑斓的灯海，奇思妙想的造型。

3. 音乐酒会

音乐酒会源于欧美。每逢节日庆典，社会名流嘉宾云集的音乐酒会频频出现，或于私人豪宅，或于豪华酒店。宾客身着盛装在典雅的音乐声中享受种种美味。音乐酒会已成为上流社会人士展示成功，享受休闲，扩大社交的平台。同时更是知名企业商家招待贵宾提升企业形象的最佳方式。名流荟萃，嘉宾云集的音乐酒会已成为商家答谢客户，展示企业文化品位的法宝。

鸡尾酒会开始前有专业的音乐团队在门口组队奏乐，还会有一些简单的表演，门口有摄影师帮助前来参加鸡尾酒会的宾客进行拍照留念。由于鸡尾酒会是属于一种比较自由轻松的酒会，赴会者在衣着方面不用讲究太多，只要穿常服便可以了（见图 2-38）。

在鸡尾酒会进行中，大家基本都是站着的（见图 2-39）。但也有些椅子可以供人们休息，由于客人可以迟到 30 分钟之久，所以必须有专人负责留意门口。在较大的酒会，男女主人都是分工合作的；男主人照顾酒水的供应，欢迎客人和给他们安放衣物，女主人则留在会场中欢迎来客，和他们应酬寒暄。在宾客众多

图 2-38 鸡尾酒会（开始前）

图 2-39 鸡尾酒会（中）

的场合，女主人应经常留意大门口，看有无客人到来，并上前欢迎他们，把他们介绍给他们可能会喜欢结识的朋友。

鸡尾酒会的主要目的就是让客人来往来往，以尽量接近和结识别人，但这并不是说男女主人可以把另一个人介绍给正在谈得起劲的客人。客人方面，他们自然不应依赖主人为他们互相介绍，而应当在会场中四处行走，同时自我介绍或为别的朋友介绍。鸡尾酒会中要准备些点心，食物简简单单即可。为求新鲜起见，果仁、脆薯片等可以在会前那一瞬间摆设出来，但其他的则须在数小时前准备妥当。普通的食品包括各式三明治、热香肠、饼干等。有时也会摆些中式点心。

中途要离去的客人得在人群中把男主人找出来，向他道别（见图 2-40）。如果主人很忙的话，不必奢望他们能抽身出来送客。

图 2-40　鸡尾酒会（后）

上述这些场景，都可以借助 VR 虚拟体验，感受现场氛围，了解真实场景。

第三节　素材更新及管理

本软件具备素材的添加及更新功能。学生可以通过采集制作素材并添加到数据库中，以充实数据库资料。同时，也可对原有的数据进行修改、调整。

一、3D 图片添加

点击输入账号进入 VR 软件文化艺术商务实训室管理端，见第一章第二节“后台管理”：在实训管理中的素材管理库中可以管理和查找自己已经添加的素材，如图 2-41 所示。

在添加素材里面可以添加所需要的艺术品和普通物件。在添加素材的同时会随机生成一个素材代码，我们要选择素材的正确格式，将素材的类型正确分类，素材名称直接写素材的名称，标签要写成该素材的所属分类。添加小图打开浏览添加小图，图片会变成一串代码后面加 . png（见图 2-42），然后点击提交会出现一个新的空白框（见图 2-43），让你填写该物品所在文件夹，然后把该物品的正确文件夹位置填写进去后面加固定格式“｜”再加素材的英文名称，如图 2-44 所示。

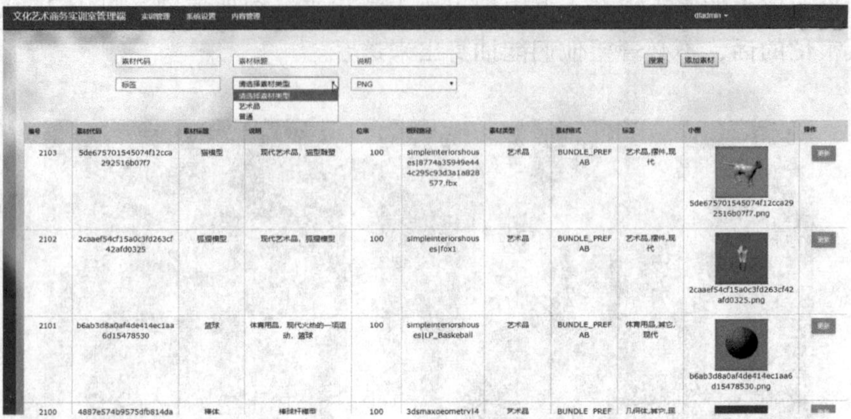

图 2-41 查看素材

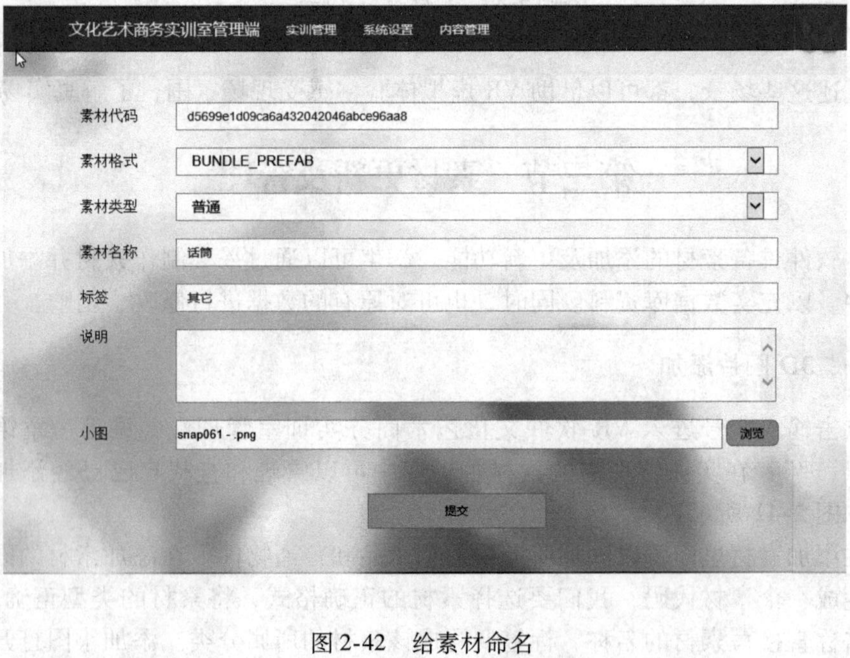

图 2-42 给素材命名

艺术品素材的添加和普通 3D 素材的添加是一样的。

将素材和图片存放到 art space data 的相应文件存放路径中，如图 2-45 所示。存放完毕之后，接下来要让软件与后台的数据库所添加的信息同步，右键点击打

图 2-43 提交素材

图 2-44 填写文件夹

开文化艺术商务实训室属性，见图 2-46，在其目标后面加入后缀名“空格/s”，加入后缀名然后点击关闭，见图 2-47。

图 2-45　存放素材及图片

图 2-46　打开软件属性

后缀名改好之后打开文化艺术商务实训室软件会出现如图 2-48 所示的信息，先点击四个清空数据，然后再点击四个同步数据，然后点击关闭软件，属性打开目标将刚才添加的后缀名删除。视频添加的整个过程结束。

图 2-47　加入后缀名

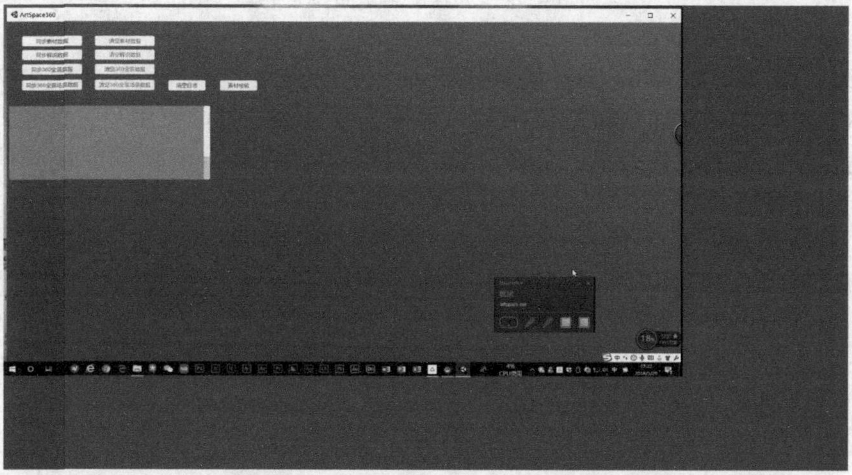

图 2-48　视频数据添加

二、全景视频添加

点击输入账号进入文化艺术商务实训室管理端，打开实训管理，在 360 全景维护中，是对 VR 软件内容中场景视频内容的删减维护，全景代码要在代码生成器中随机生成一个代码，然后复制粘贴到全景代码中，名称即视频的名称用中文书写，全景内容要将中文转换为英文名称然后在名称后面加 . mp4 的后缀。状态和类别都是固定格式的，全景场景代码也是名称的英文名称。如图 2-49 所示。

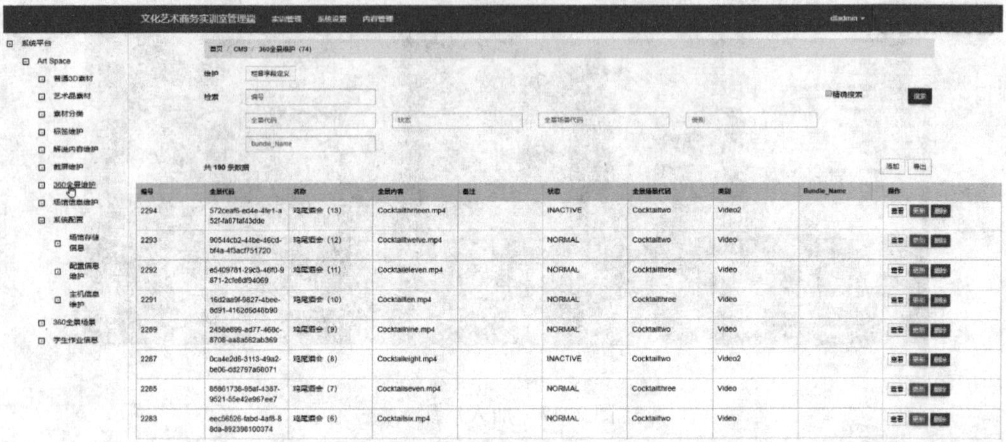

图 2-49 进入全景素材维护

360 全景场景中。360 全景场景代码即名称的英文名称，名称要用中文，全景小图要用英文名称加 . jpg 后缀书写，根据场景分类选择国家填写，标签即场景的归类，状态是固定选取的，如图 2-50 所示，这样在后台的数据库视频信息的添加就完成了。

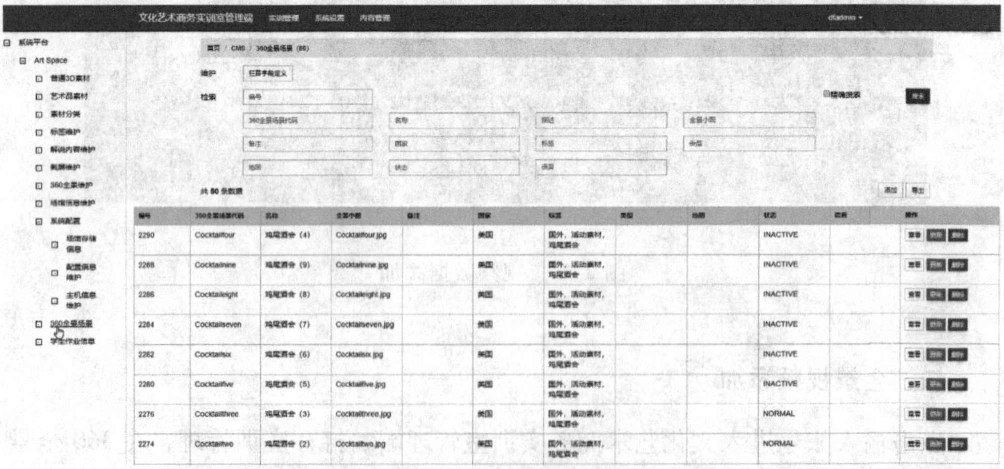

图 2-50 全景素材添加

接下来将拍摄好的视频文件放到文化艺术商务实训室的视频文件存放处，视频文件存放处如图 2-51 所示。

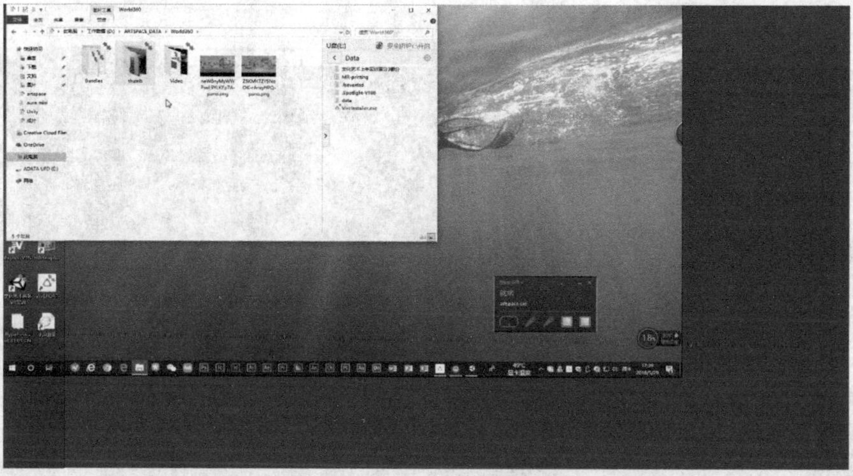

图 2-51　保存全景素材

将视频存放完毕之后，接下来要让软件与后台的数据库所添加的信息同步，右键点击打开文化艺术商务实训室属性，在其目标后面加入后缀名“空格/s”，加入后缀名然后点击关闭，如图 2-52 所示。

图 2-52　添加后缀名

后缀名改好之后，打开文化艺术商务实训室软件会出现如图 2-53 所示的信息，先点击四个清空数据，再点击四个同步数据，然后点击关闭软件，属性打开目标将刚才添加的后缀名删除，视频添加的整个过程结束。

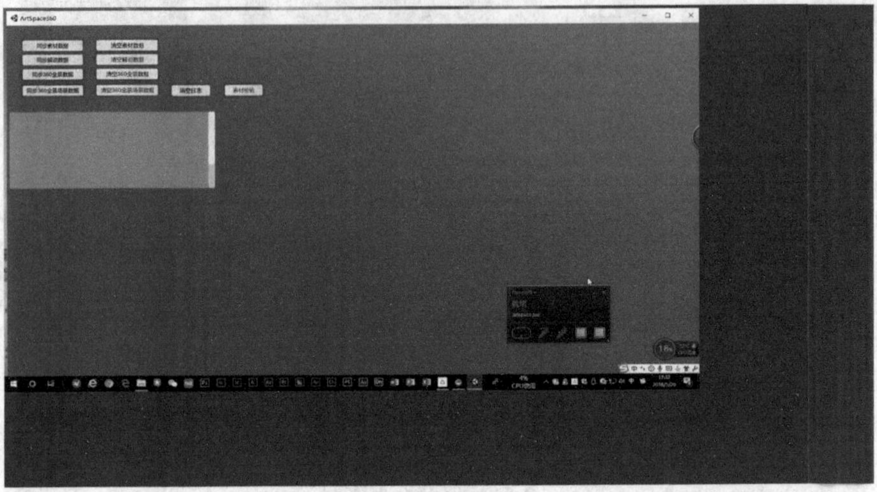

图 2-53 删除添加的后缀名

代码生成器可以在百度中输入“GUID”进行搜索。英文名称之间要把中间的空格删除，避免无法识别。

（1）导出素材：点击右边的导出按钮如图 2-54 所示。

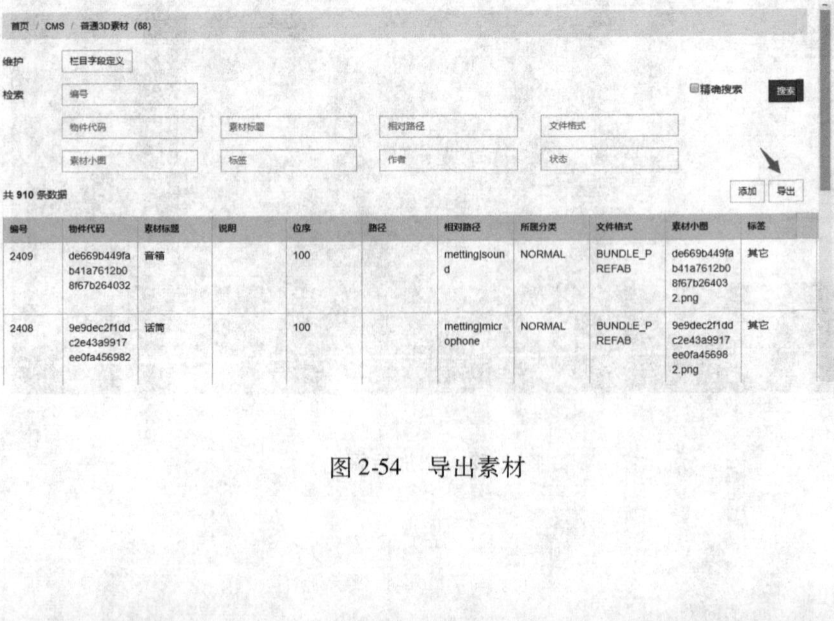

图 2-54 导出素材

（2）素材分类：可以管理素材的分类，如图2-55所示。同普通3D素材一样，可以添加、导出文件，见图2-56。

图2-55　素材分类管理

图2-56　添加、导出文件

（3）素材字段的维护（见图2-57）。

编号	标题	显示类型	子类型	数据库字段	位序	是否显示	是否检索	是否排序	是否导出word	是否查重	操作
76	分类名称	TEXTBOX	SL	Title	100	Y	Y	Y	N	N	更新 删除
77	分类代码	TEXTBOX	SL	Subject	100	Y	Y	Y	N	N	更新 删除
78	位序	TEXTBOX	SL	Attr_Int_01	100	Y	N	N	N	N	更新 删除
79	父级节点ID	TEXTBOX	SL	Attr_Int_02	100	Y	N	N	N	N	更新 删除
80	状态	TEXTBOX	SL	Attr_20	100	Y	Y	Y	N	N	更新 删除
107	素材代码	TEXTBOX	SL	Attr_01	100	Y	Y	Y	N	N	更新 删除
113	素材小图	TEXTBOX	SL	Image_Path_01	100	Y	N	N	N	N	更新 删除

图 2-57 对素材字段维护

第四节 案例展示

一、项目背景介绍

本案例来自校企合作公司的真实商业需求项目。教师在接洽项目的过程中，将其中的一个环节——“素材的采集与制作”融入到 VR 实训项目中。

项目的需求方是一家为“快闪店”提供服务的供应商，该公司通过与商业地产联营的方式运营线下空间。所谓“快闪店联盟”，是一个快闪店内可以同时容纳多个品牌方的产品。该公司通过校企合作协议，以项目包的方式委托校方设计位于上海市普陀区某商业空间展示方案稿。

教师在授课过程中，将该课程通过真实案例项目包的方式，把项目融入课堂实训中，一方面促进了学生的学习积极性，另一方面也提升了学生的专业认知能力和岗位技能水平。

二、项目操作概况

首先，学校和公司委托方项目组成员进行了沟通，了解和明确主办方的设计需求，去现场采集信息，拍摄图片及全景视频，查看空间的实际情况（如图 2-58 和图 2-59 所示）。

其次，在充分了解主办方的设计需求后，安排总体的设计流程，对学生进行项目化小组组建，课上课下交替进行，以项目为驱动，进行实训课程的推进。

最后，由二维平面设计和三维空间设计结合的方式，进行方案构思和具体设计。此项目为改造项目，工作内容主要是对已有空间进行简单调整修复，空间主

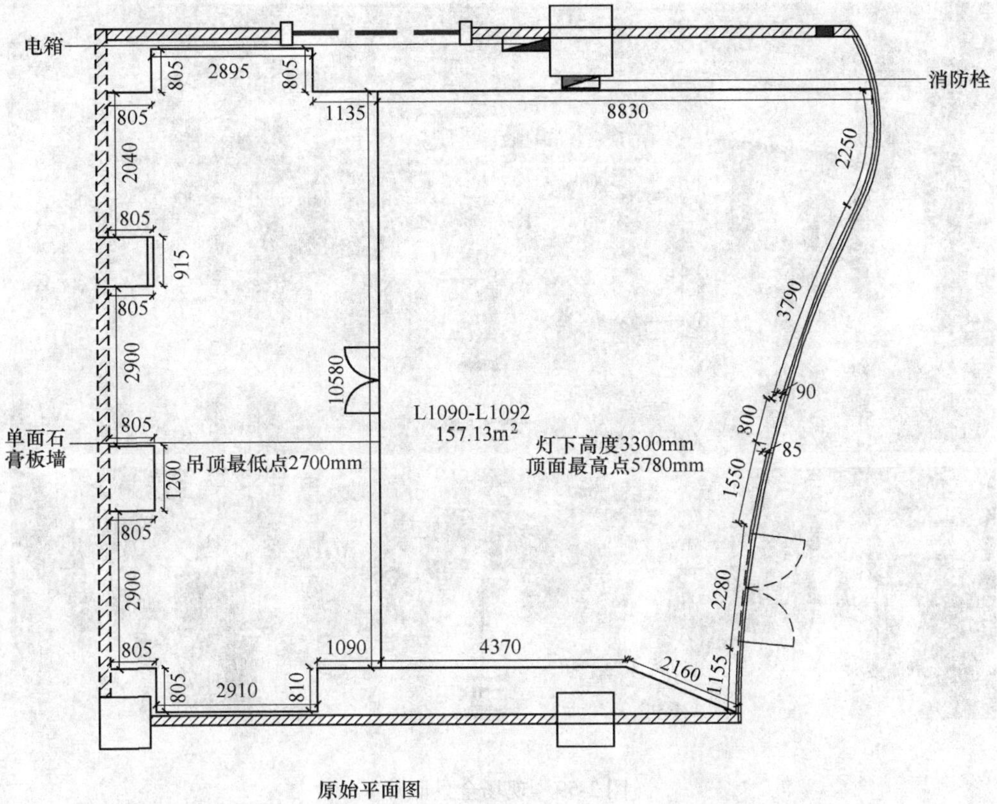

图 2-58　场地平面图

题策划，以及软装和道具设计等。

（一）项目流程要点

在此真实项目案例中，项目素材采集与制作的内容包括前期策划、中期拍摄及后期制作三个流程要点。

（1）前期策划。前期素材拍摄的整体构思，在公司委托方的设计需求明确前，设计策划的都是比较抽象的概念，利用 VR 设备进行全景拍摄，制作 VR 视频，方便在后面离开现场后可以实时让作为设计者的师生有身临其境的感受，更好地理解和掌握内容，从而实时调整设计策划方案的方向。

（2）中期拍摄。在全景素材的拍摄，也是对场地空间的分解，有利于师生对空间的整体把控，并且在全景素材的拍摄中也能培养提高学生的摄影实战和技巧。教师在指导学生拍摄时，通过实地讲解拍摄，一改平时上课中因受时间空间

图 2-59 现场全景照片

限制无法在教学课堂操作演示整个流程的弊端。在整个过程中，师生实时互动沟通，突破传统教学的界线，让实训教学内容能够更全面地展现出来。

（3）后期制作。全景视频素材的软件导入、剪辑、合成、导出的方法和技巧都较为烦琐。师生先通过对这部分内容的制作，通过 VR 产生实际场景的体验和感受，从而开始设计方案的创作，利于设计制作出更加符合实际需求的优质方案。

（二）软件与硬件需求

（1）软件：Insta360 ONE、Premiere、Camtasia、Sketchup、3Dmax。

（2）硬件：Insta360 ONE 全景相机、HTC VIVE VR 体验设备（眼镜、手柄、感应器、平衡仪）。

（三）环节和流程

（1）VR 全景拍摄，使用全景相机进行全景素材采集。

（2）后期制作，全景视频的后期处理主要包括全景视频的剪辑、拼贴和合成。

（3）转制模型，VR场景中的模型动画，涉及建模、动画制作、特效制作。

（4）合成导出，全景视频编辑完成后，拷贝到VR设备主机及教学素材库中，以备选用（见图2-60）。

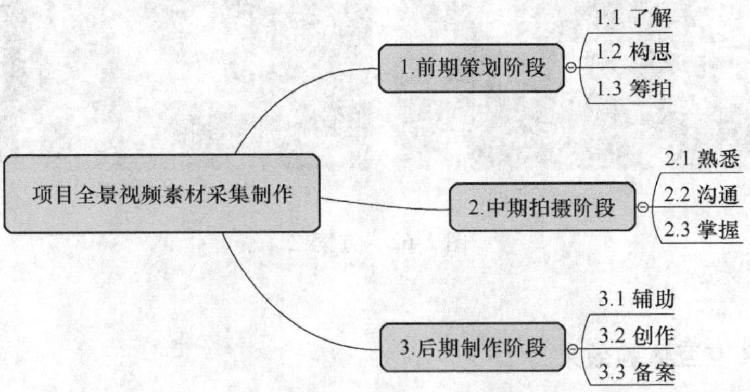

图2-60 全景素材采集制作要点

最终，学生通过调研、研讨、分包设计与设计整合，提供两套设计体验方案，相关案例素材通过本章第三节操作指南，添加到素材库中，一方面以学生作业的形式VR虚拟仿真展示出来，另一方面，丰富了教学素材库的内容。

方案设计效果图为：

方案一：《旋转木马游乐园》（见图2-61）。

图2-61 方案一

方案二：《棋牌娱乐世界》（见图 2-62）。

图 2-62 方案二

三、VR 交互体验效果

VR 在整个项目设计制作的过程中，在多个时间点起到了关键作用：

其一，在前期工作中通过全景相机对展厅空间进行视频数据采集，期间学生和视频采集设备之间的操作互动；

其二，在设计过程中通过 VR VIVE 头盔对设计方案进行虚拟仿真体验，对设计视觉和展示问题进行实时调整，优化完善；

其三，在全景视频数据采集和具体设计过程中，师生之间基于项目化教学的实时互动交流（见图 2-63）。

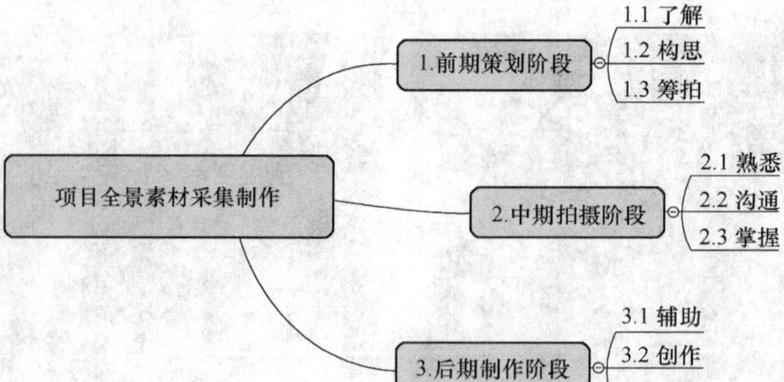

图 2-63 全景素材采集制作流程要点

（1）在教师的指导下，学生上机实操，了解 VR 实训的基本条件、项目化实训方式、实训流程及实训目的（见图 2-64）。

图 2-64　VR 平台实训界面

（2）将视频和模型素材导入 VR 平台（见图 2-65）。

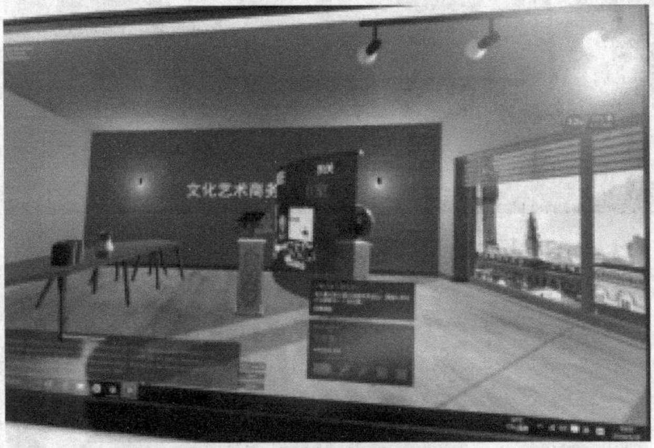

图 2-65　VR 平台导入界面

（3）导入编辑完成后进行 VR 虚拟仿真设计体验，师生对项目方案进行交流沟通（见图 2-66）。

（4）通过导入模型进行设置，对空间环境虚拟仿真布局，用虚拟仿真漫游等方式对设计方案进行深化体验（见图 2-67）。

（5）对委托方反馈的问题进行调整和完善，VR 设备互动体验完成后退出界面，放置好设备（见图 2-68）。

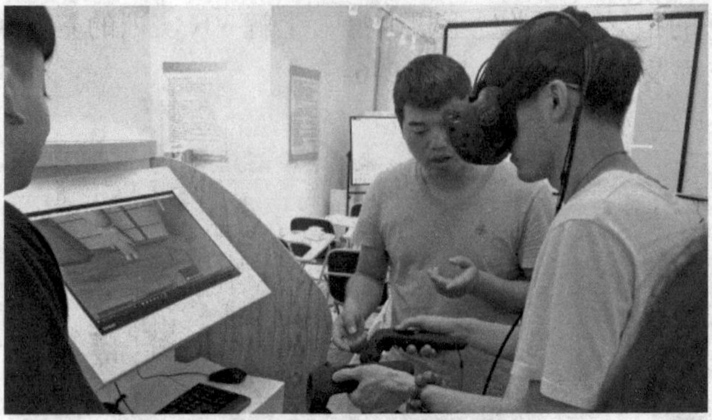

图 2-66 师生 VR 实训中

图 2-67 VR 虚拟仿真空间布局

图 2-68 退出至主菜单界面

第三章

展会设施 VR 交互体验

该模拟系统能模拟现实中展馆会议及活动设施的操作与维护，从而加强了虚拟环境给人所带来的沉浸感和真实感。通过该软件，我们可以虚拟进行会场的布置，设备的调试等，感受会议布置效果。

我们进入软件界面，点击菜单，进入会场实训如图 3-1 所示。会场实训可以通过选择不同类型的会场进行布置。选择会场之后，我们可以点击手柄的菜单键进入会场实训模式进行添加及摆放物品以及会议设施的调试。

图 3-1　进入会场实训

第一节　会场布置实训

一、素材制作及选择

进入浏览素材界面，选择展位搭建素材，所有素材大类分为：艺术品，物品，供场馆搭建实训使用。

点击分类按钮，可以看到不同的类别，如图 3-2 所示。

图 3-2 按分类浏览素材

（1）风格分为：家具，摆件，植物，电器，几何体，精选。
（2）类别分为：灯饰，椅子，桌子，装饰品，画框，学习用品，其他。
点击地域按钮，根据风格和年代也有不同的分类，如图 3-3 所示。

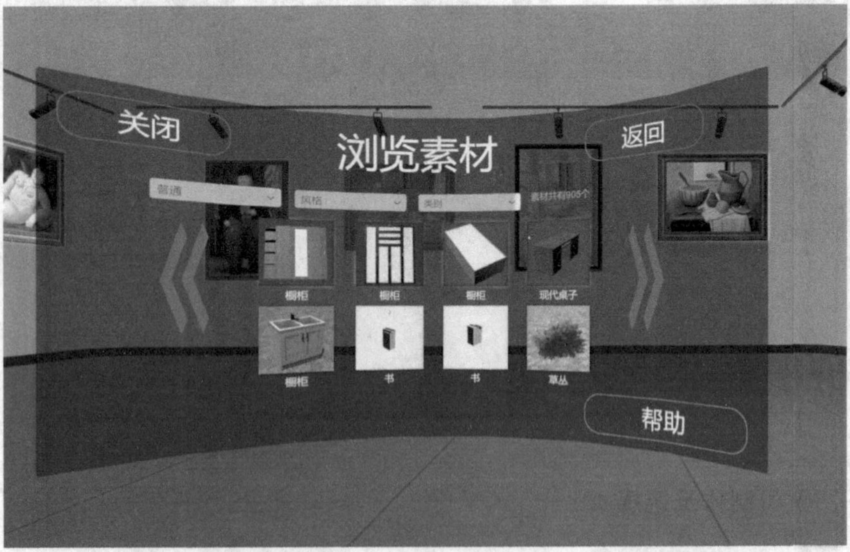

图 3-3 按地域浏览素材

（1）地域分类：西方，东方。

（2）风格分类：雕塑，画作，摆件，装饰品，其他。

（3）年代：现代，古代。

根据不同种类的素材的组合，能在不同场景中组建不同的会展。展位搭建的素材会不断充实，一定会让学生的想象力、创造力在 VR 商务实训室中得到充分的发挥。

二、现场布置

（1）对准场馆实训扣动手柄下方的扳机，进入虚拟会场，如图 3-4 所示为大礼堂现场。场馆为 3D 建模，场馆浏览过程中能在平面图中看到实时位置。

图 3-4　大礼堂会场

（2）实训模式，进入虚拟场馆之后，再点击手柄上的主菜单按钮就会进入实训模式和自动漫游模式的界面，在这个界面里还可以点击切换场馆选项重回虚拟场馆界面。手柄对准实训模式，扣动扳机进入实训模式菜单界面如图 3-5 所示。

在这个界面里有浏览物品库和浏览艺术品库等选项，手柄对准浏览物品库，扣动扳机就能进入该界面浏览 1000 个左右的分类素材。同时还可以根据菜单里的风格、类别等项目搜索需要的素材进行交互，操作如图 3-6 ~ 图 3-8 所示。

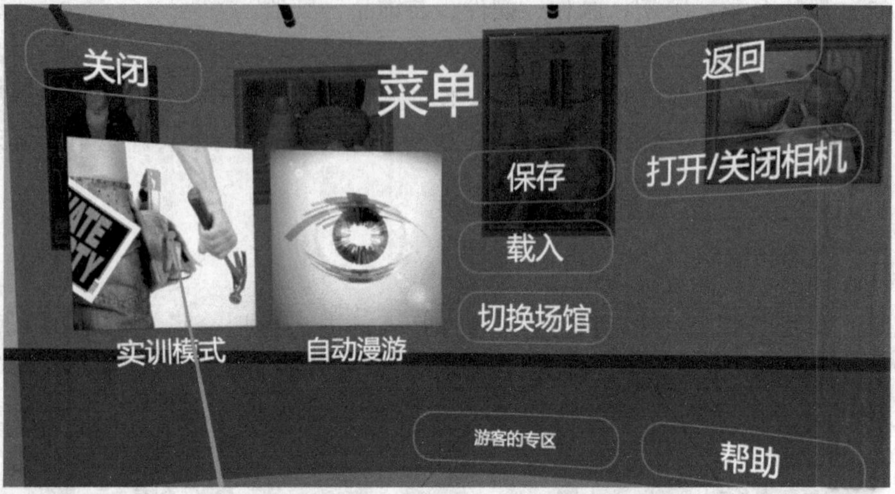

图 3-5 进入实训模式

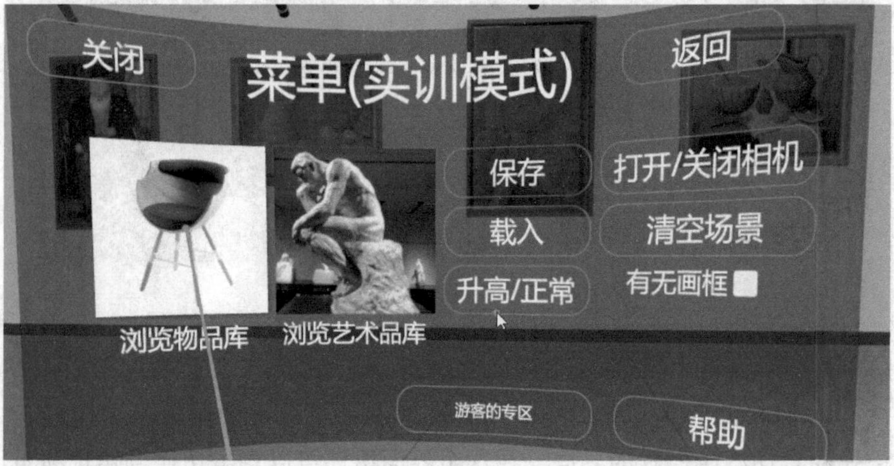

图 3-6 浏览物品

实训模式中，学生可以对所选的物品、会议设施进行摆放，改变设备的大小，位置高低等操作，给学生以会场布置体验，提升其布展能力。如各种会议形式摆放桌椅及话筒的位置等，见图 3-9。

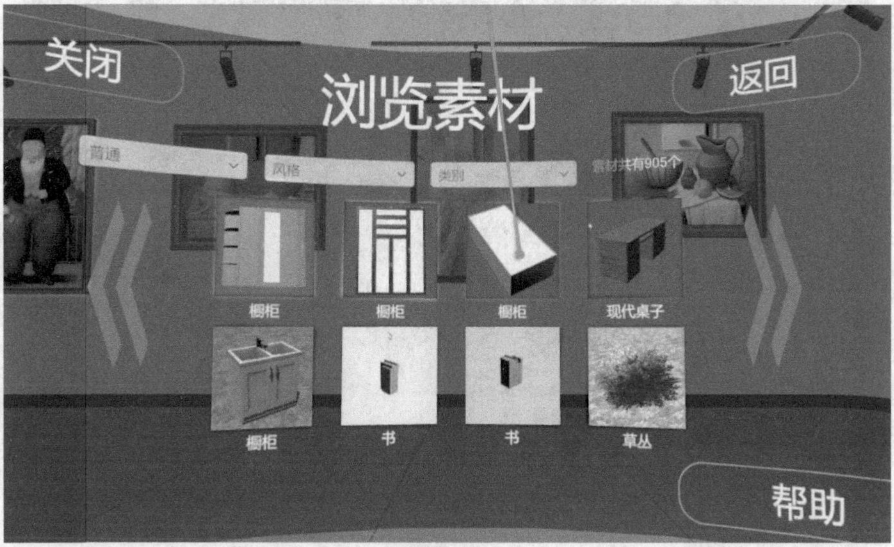

图 3-7 选取素材

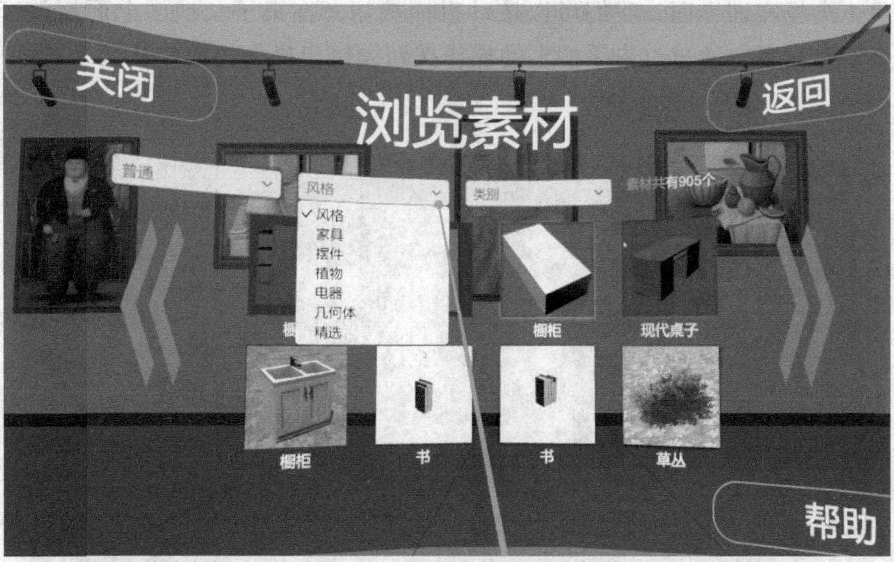

图 3-8 按风格浏览

图 3-9 摆放桌椅及话筒

第二节 会场设施调试实训

一、音响调试

进入会场实训界面，我们可以按动手柄按钮，在桌子及地面上面摆放音响、话筒及调音设备，通过点击手柄上的操作按钮调试出操作界面，从而来调控声音的大小。见图 3-10 和图 3-11。

图 3-10 音响摆放及调试

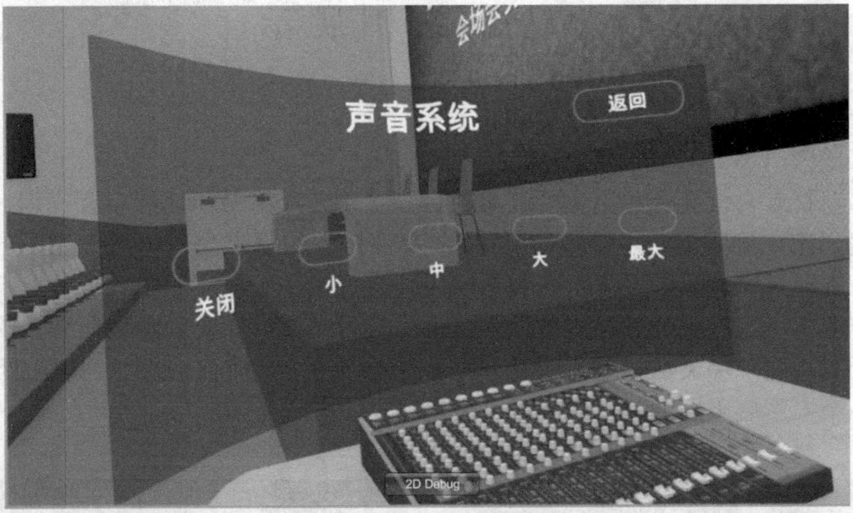

图 3-11　音控调试系统操作界面

二、灯光调试

会议室的灯光也可以通过手柄按钮调试出操作界面，从而来调试灯光的颜色及明暗强度。如图 3-12 所示。

图 3-12　灯光调整界面

第三节 案例展示

一、项目背景介绍

该项目来自校企合作企业的真实项目，主要涉及简易场地的布置实训，项目载体是“塞尔维亚上海主题摄影展”，企业委托方的需求是以上海为主题的摄影展，意在通过主题摄影展现上海城市风采。

企业提供了一个长廊样式的门面空间（见图 3-13），要求场地简易，既能展示，同时也能现场灵活举办小型论坛，以主题突出、空间凸显的展具摆放形式，完成一个摄影展主题的整体空间设计方案。

图 3-13 展示空间实景照片

二、项目操作概述

接到项目方设计委托后，首先与委托方项目组成员进行沟通，了解和明确主办方的设计需求。

由于展馆场地不在国内，在设计周期内，无法获取现场空间实际情况，只能对照委托方给的照片和手绘图，使用平面软件 Illustrator 绘制二维平面图，然后 Sketchup 建模生成三维空间图，再通过导入 Unity3d 平台，进行 VR 虚拟仿真体验，进而实施设计方案（见图 3-14）。

其次，依据项目主办方的设计要求，教师安排总体的设计流程，组建学生项目化小组，课上课下交替进行，以项目驱动，进行实训课程的推进（见图 3-15）。

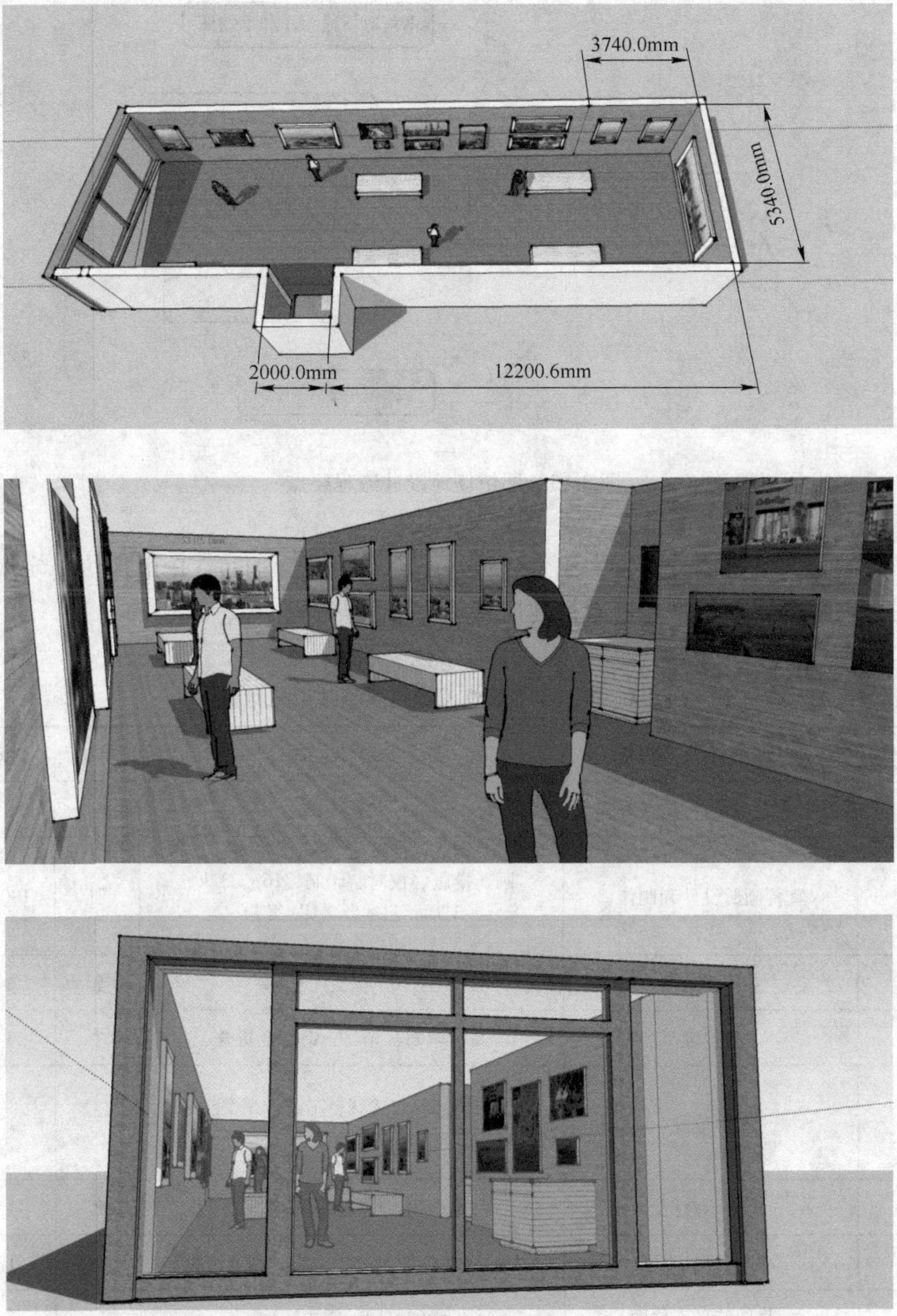

图 3-14 Sketchup 空间设计方案稿

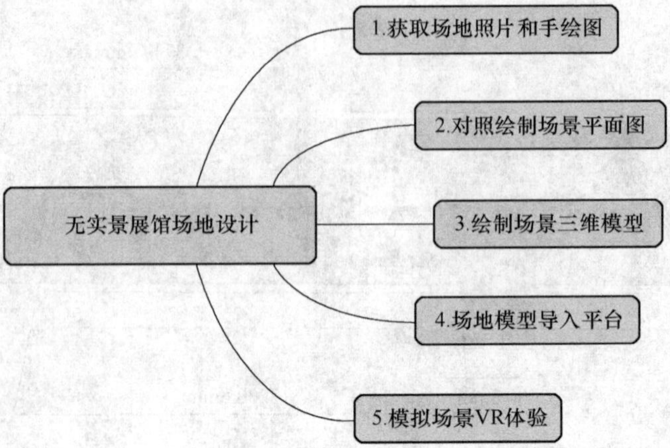

图 3-15　展馆场地设计流程要点

项目由二维平面设计和三维空间设计结合的方式，通过 VR 虚拟仿真实现现场搭建布展效果。小型布展及搭建所需相关材料见表 3-1。

表 3-1　塞尔维亚展馆设计搭建相关设施材料

序号	项目设施名称及规格	材 料 明 细	单位	数量
1	KV 主视觉设计及 VI 补充	定制	套	1
2	宣传画册设计和制作	画册排版、校对、印制，16p，32k，120kg 艺术纸，UV 工艺	册	1000
3	宣传背景墙	喷绘	套	2
4	易拉宝	高精印刷、光面、铝合金折叠	个	3
5	平面适配	电子版尺寸、版式调整不超过 5 个款式，每个一个版面	套	1
6	三维示意图	Sketchup 建模和基础贴图	套	1
7	商业三维效果图	3Dmax 建模加 VRAY 渲染，商业渲染	套	1
8	效果图等平面修图	精细修图，需求适配	套	1
9	印刷墙面贴	定制	套	1

三、VR 交互体验效果

项目主题摄影展整体区域较小，设计安排较为简易。低年级学生作为初学者也可以较为轻松地进行设计制作，从而在趣味中去熟悉整个设计流程。

在利用 VR 头盔进行体验的过程中，学生把精力主要集中在搭建布展以及空间设计细节的具体操作上（见图 3-16）。

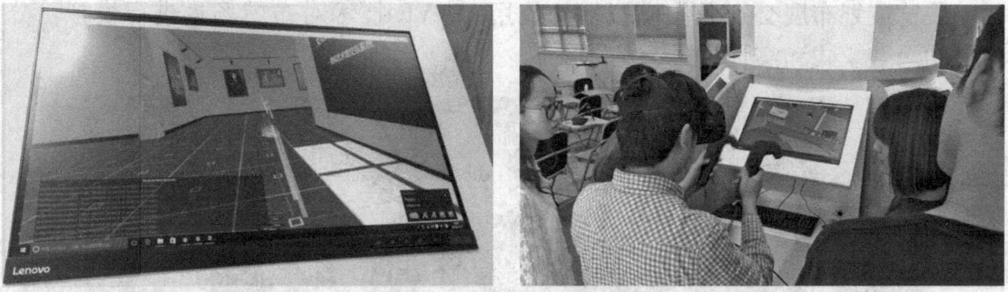

图 3-16　VR 空间布局实操

在 VR 实训教学中，一方面夯实了学生学习空间布局的基础知识，另一方面也提升了师生在设计实务中灵活运用 VR 技术的水平（见图 3-17）。

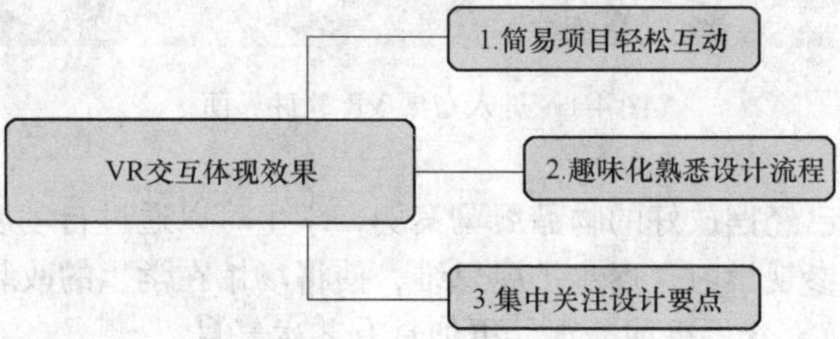

图 3-17　VR 交互体验效果要点

第四章

展览策划布展 VR 交互体验

展览策划布展交互操作模拟软件使用 3D VR 技术对布展场景进行模拟。分为自动漫游模式和实训模式，见图 4-1。

图 4-1　进入布展 VR 软件界面

实训场馆中已经摆放好的物品展览案例，学生可以通过自动漫游模式，以场景展示为案例，参观学习，逐步扩展思维，使得场馆在学生的改装布置之下（通过实训模式实现），变得更加美观，更加具有艺术气息。

自动漫游操作菜单说明：根据友好提示选择、自动漫游，进入场馆实训，点击主菜单到自动漫游界面，对准该界面扣动扳机，此时进入自动漫游模式。可参观画廊、美术馆及艺术馆，并进行相关操作。

第一节　场馆选择及规划

一、进入场馆

通过场馆漫游，进行场馆的选择：

（1）对准场馆实训扣动手柄下方的扳机，进入虚拟场馆，里面会呈现四个虚拟场馆，包含画廊、美术馆、博物馆及艺术馆。场馆均为3D建模，每个场馆具有三维内部场景和平面图，场馆浏览过程中能在平面图中看到实时位置如图4-2所示，为展览策划提供信息。

图4-2　进入场馆

（2）实训模式，进入任何一个虚拟场馆之后，再点击手柄上的主菜单按钮就会进入实训模式和自动漫游模式的界面，在这个界面里还可以点击切换场馆选项重回虚拟场馆界面。手柄对准实训模式，扣动扳机进入实训模式菜单界面，如图4-3所示。

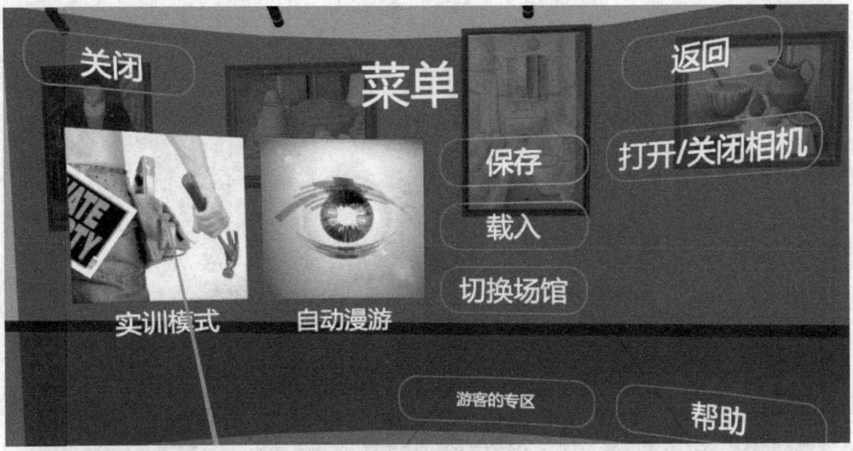

图4-3　进入实训模式

实训场馆中已经摆放好的物品展览案例，学生可以通过自动漫游模式，以场景展示为案例，参观学习，逐步扩展思维，使得场馆在学生的改装布置之下（通过实训模式实现），变得更加美观，更加具有艺术气息。

自动漫游操作菜单说明：根据友好提示选择、自动漫游，进入场馆实训，点击主菜单到自动漫游界面，对准该界面扣动扳机，此时进入自动漫游模式。

二、场馆选择

（一）了解画廊

画廊，是收藏、陈列或销售美术作品的场所。16 世纪，西方将搜集到的美术作品陈列于府邸的回廊，这是画廊的起源。以后，在贵族邸宅中也多有类似设置。19 世纪以后，画廊指观众鉴赏美术作品的公开陈列场所，在展览的属性上与美术馆性质基本相同，可能比美术馆规模小，但更有作品或艺术流派的针对性。另外，随着资本市场经济的发展使艺术商品化趋势加强，以专营美术品为业的画商也应运而生。画商陈列和销售美术品的场所也称画廊。

世界知名的画廊如 Galerie Artodrome Berlin、Dvorak Sec Contemporary、Zeit-Foto Salon、JMA GALLERY、Gallery Miroonamu、阿特塞帝画廊、VIEKEILY、Gallery J. Chen、亚洲艺术中心、大未来耿画廊、索卡艺术中心、Vanguard 画廊、水木当代艺术空间、荣宝斋、张大千画廊等。一般情况下，画廊的前厅用于展示，后厅用于交易。

进入 VR 虚拟软件，我们可以看到是从正门走进一家画廊，画廊门口的两边摆放着两个雕像，好像是两个迎宾的美女在欢迎参观者的观光，如图 4-4 所示。

图 4-4　进入虚拟画廊

走进画廊之后首先看到右手边的墙上摆满了大小不一的西方画作，每一幅图都在灯光的照射下，显得格外醒目，如图 4-5 所示。

图 4-5 画廊展厅

参观完右手边墙上的画作，接下来观看左手边的画作，左手边同样是大小不一的画作，作品一大一小相互交叉，在灯光的照射下，显得特别的和谐，一点儿都没有杂乱的感觉。

再往里面走可以欣赏到更多的关于西方艺术的画展，画作的布局方式跟之前墙角的布局如出一辙，如图 4-6 所示。

图 4-6 画廊布展

画廊一角不仅有画作，还摆放了一张播放幻灯片的幕布，在幕布上可以看到更多有关于此次画展的动态信息，以便更加深入了解作家的画作，如图 4-7 所示。

图 4-7 通过幕布增加观展效果

画廊场馆中画品展览一角如图 4-8 所示。

图 4-8 画展一角

（二）了解美术馆

美术馆（Art Gallery/Art Museum）是指保存、展示艺术作品的设施，通常是以视觉艺术为中心。最常见的展示品是绘画，但雕塑、摄影作品、插画、装置艺术，以及工艺美术作品也可能会被展示。美术馆主要的目的是提供展示空间，但有时也会用作举办其他类型的艺术活动，例如音乐会或诗歌朗诵会等。此外美术馆通常也兼具推广与文化相关的教育、研究等功能。

美术馆对艺术进行有组织展示的基本方式有两个：一是馆藏陈列，二是临时展览。与西方的美术馆往往以馆藏立馆的学术传统不同，受特殊历史条件和历史意识所限制，中国的美术馆在发展初期往往侧重于单调的展览性质，由于中国的美术馆起步较晚，并且长期以来缺乏具有独立学术品格的研究，因此在中国的美术馆与博物馆之间区分在于：美术馆主要承担近现代（“五四”以来）艺术品的收藏、陈列、展览、研究工作，而古代艺术品的相关工作则是博物馆的职责。

画廊与美术馆的本质区别在于画廊是营利机构、商业机构，以艺术品的销售利润为目的；美术馆则相反，美术馆是非营利机构，追求公共性，不进行营利性艺术品买卖。

打开 VR 虚拟软件场馆界面，我们可以进入美术馆。走进美术馆首先映入眼帘的是鲜红的地毯和两边对称摆放的鲜花，鲜花紧挨着柱子摆放，像是在夹道欢迎参观者的光临，如图 4-9 所示。

图 4-9　进入虚拟美术馆

美术馆一角的休息区，如图 4-10 所示，休息区的对面摆放着装饰的鱼缸，树木，盆栽，如图 4-11 所示。

图 4-10 休息区

图 4-11 空间装饰

走进美术馆一角的美术画展，墙上布满了画作，而画作的高度设置成了参观者可以近距离观察的高度，并在观赏区同样设有休息的坐垫，如图 4-12 所示。

图 4-12 观赏区

在正对门的大展厅中，摆放了更多的休息坐垫，并且在画作的布局上，采用了对称的布局结构，如图 4-13 所示。

图 4-13 有休息坐垫的展厅布局

在美术馆的正中央，一株连接地面和吊顶的植物格外醒目，使得整个场馆看起来简洁、大气，如图 4-14 所示。

图 4-14 植物装饰

由顶视图，看到整个场馆的分布结构，在摆放展览品之前可先对整个场馆的构造进行观察，做到心中有底，然后再进行展览品的分布展示，如图 4-15 所示。

图 4-15 场馆分布结构

（三）了解博物馆

博物馆是征集、典藏、陈列和研究代表自然和人类文化遗产的实物场所，并对那些有科学性、历史性或者艺术价值的物品进行分类，为公众提供知识、教育和欣赏的文化教育的机构、建筑物、地点或者社会公共机构。博物馆是非营利的永久性机构，对公众开放，为社会发展提供服务，以学习、教育、娱乐为目的。

进入 VR 虚拟博物馆，我们看到，博物馆的展览主要是以柜台式的方式进行物品的展示，柜台的摆放看似随意，但却有一定的结构性，摆放在一楼的正中央，有的三两成堆，有的围绕柱子，有的围绕专门的展示台，整体看上去还是比较和谐，如图 4-16 所示。

图 4-16 博物馆展区

在刚上二楼的楼梯口摆放了带龟纹的图片，加龟纹的图片在场景中丝毫没有违和感，如图 4-17 所示。

在二楼的柜台大都是靠墙分布，方便参观者的通行和观赏，如图 4-18 所示。

（四）了解艺术馆

艺术馆是以历史与艺术并重，集收藏、展览、研究、考古、公共教育、文化交流于一体的综合性国家博物馆。而美术馆作为博物馆的一种，是专门负责收

图 4-17 展厅摆放图片

图 4-18 展示柜摆放

集、保存、展览和研究美术作品的机构。博物馆主要为公众提供服务，以学习、教育、娱乐为目的。

在 VR 实训软件中，虚拟艺术馆的面积是所有场馆中面积最小的场馆，从整体来看它的色调是偏向于时尚，艳丽的，而场馆中的艺术品与场馆的色调几乎是融为一体的感觉，感觉整个场馆就是一件时尚的艺术品，如图 4-19 所示。

图 4-19 进入虚拟艺术馆

在艺术馆的走廊排列着乳白色的展示台，以及供参观者休息的时尚长木板凳，在艺术馆的每一个角落，无不存在着时尚的艺术气息，角落里用乳白色人体状的陶瓷盆栽作为装饰品，与场景完美贴合，见图 4-20。

图 4-20 艺术馆展厅

艺术馆在墙上的设计更是突出了艺术的概念，采用了手持展台的方式，悬挂在墙壁上，让人看起来就像是有一位解说员在用两只手举着一件艺术品供你欣赏，在墙中间的凹槽处摆放着各式各样的花瓶，用来填充空白，装饰场景，使得整个场景更加饱满，但又不失简洁，如图 4-21 所示。

图 4-21 用花瓶装饰展厅

第二节 布展指南

我们可以根据上面的场馆模型进行展会布展。如下是四种场馆的布展情况。

一、艺术馆布展

以家居电器展览会为例，可以选择在艺术馆中进行展览，运用艺术展览馆，因为它凸显着现代时尚气息，而现在家用电器之类的东西与现代时尚分不开，以其场馆内的亮白更显得科技感十足。

点击进入艺术馆中，我们会看到场馆内有很多是已经摆好的东西，如图 4-22 所示。为便于在场馆中尽情摆放物品，首先要把场馆里面的东西清空。

在艺术馆场景中点击菜单键，就会出现实训模式界面（实训模式就是亲自动手创建自己所需要的场景的一种实践模式），点击实训模式进入到实训模式菜单界面，实训模式菜单界面十分丰富：

（1）艺术品浏览库和物品浏览库：提供实训所需要的素材；

（2）保存、打开/关闭相机、载入：可以把做好的场景以全景的方式保存下来，还可以利用照相机拍照保存，保存的场景在载入中可以查看；

图 4-22 已布展的艺术展馆

(3) 清空场景：可以把现有场景内已经摆好的物品清空；

(4) 升高/正常：可以调整用户所处位置的高度；

(5) 有无画框：在摆放艺术图画时可以增加或者去除画框。操作如图 4-23 和图 4-24 所示。

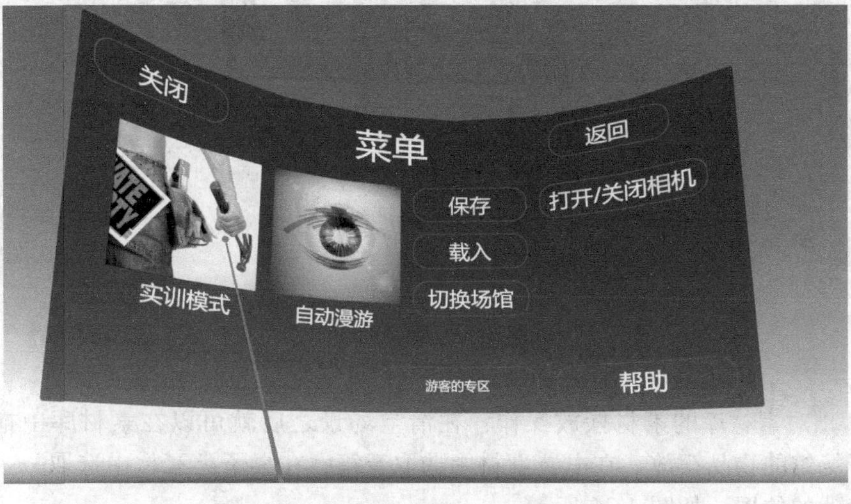

图 4-23 进入实训模式

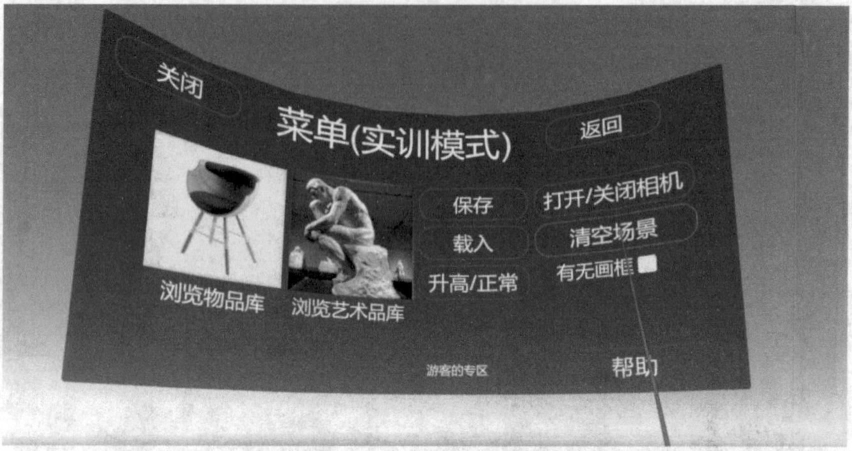

图 4-24 实训菜单界面

图 4-25 是清空场景之后的餐厅。

图 4-25 清空场景

（1）对素材库的素材摆放操作：在清空场景之后就可以在素材库中拖拽物品进行场馆的物品摆放，在电器素材中选取音箱，在桌子类素材中选取一个桌子摆在合适的位置，如图 4-26 所示。

接下来在电器类素材中选择电视机，在桌子类别中选择一个相对较小的桌

图 4-26 选择桌子素材

子，将电视机放在桌子上，并且把电视机和桌子摆在音箱的中间，如图 4-27 所示。

图 4-27 桌子上摆放物品

（2）素材大小等的调整：当拖拽出物体时，物体的大小可能与所需要的大小不太一致，可以在抓住物体的同时按手柄圆盘的上键进行物体放大，按手柄圆盘的下键进行缩小。在抓住物体的同时，点击菜单键就会出现如图 4-28 所示的对话框，在对话框中进行多余物体的移除，锁定物体的位置，对物体进行位置矫正，添加标签等。

图 4-28 调整素材对话框

在椅子素材中选择沙发，在手柄中调整好沙发的大小，将沙发摆放到合适的位置，如图 4-29 所示。

图 4-29 摆放沙发

在客厅家具摆放好之后，客厅左边的墙壁上可以放置一个壁挂式的电视机，在植物中添加一些植物摆件装饰品，装饰一下环境，如图 4-29 和图 4-30 所示。

图 4-30　添加装饰物

（3）布局作品中途拍照，保存和载入：在做好这些之后为了防止不小心按错，或者系统出错，导致做好的布置丢失，可点击菜单键，找到拍照功能，打开拍照功能对准做好的布局拍照，然后点击保存，再点击载入，进入载入界面就能看到已经拍好的全景照片图样，点击图样进去就可以回到已经做好的展品的场景中，如图 4-31 所示。

图 4-31　布展效果拍照

在右边旁边的过道中可以摆放一个壁挂式的电视和舒适的座椅，让参观者可以休息片刻，如图 4-32 所示。

图 4-32 摆放电视及座椅

在过道的墙壁上有许多的凹槽，可以将一些装饰的摆件放到凹槽当中，使得场馆更加美观，如图 4-33 所示。

图 4-33 摆放装饰

接下来再摆放一些常用的数码产品展示台，展示一些手机，平板电脑等一些展品，同样是找一个具有时尚感的桌子放到场景中，将所需要的物品在电器分类素材中找到，放到桌子上，在桌子的两旁加装饰物品，在过道中摆放凳子供客人休息，如图 4-34 和图 4-35 所示。这些都是些简单的场馆布置，还可以充分发挥自己的想象，布置出更好的电器展览。

图 4-34 摆放植物装饰

图 4-35 摆放座椅

二、博物馆布展

以“家具展览会”为例，会址的场景选取的是博物馆的场景，进入场景，如图 4-36 所示。

图 4-36 进入虚拟博物馆

首先将场景里面的原始布局清空，清空之后再来布置家具博览会，如图 4-37 所示。

图 4-37 清空博物馆展馆

在一楼会展厅的靠墙部位摆放了一些关于洗手间的，书房的，厨房的各式各样的柜子，如图 4-38 所示。

图 4-38 在展厅摆放柜子

在摆放柜子中间的墙壁上适当地放了几张关于家具的艺术画，用来装饰一下会展场景，如图 4-39 所示。

图 4-39 摆放艺术画装饰

一楼大厅外侧靠墙的柜子可以适当地进行一些柜子间的造型组合，如图 4-40 所示。

图 4-40 组合柜子

在一楼会展大厅的正中央位置摆放了占位体积最大的单人、双人床，呈对称分布，将大厅装点得如同是一间巨大的卧室，在床头同时还摆放了床头柜，如图 4-41 和图 4-42 所示。

图 4-41 排放床

图 4-42 摆放床头柜

在一楼展厅的内侧靠墙部位摆放的是衣橱的展览，各式各样的衣橱，靠近摆放，如图 4-43 所示。

图 4-43 摆放衣橱

走到二楼的楼梯位置取景一张一楼的会展布置的全景图，如图 4-44 所示。

图 4-44 会展全景

在刚上二楼展厅的位置摆放非常时尚的咖啡桌，给人耳目一新的感觉，如图 4-45 所示。

图 4-45 摆放咖啡桌

二楼的建筑构造呈环形状，家具摆设也可以根据建筑的构造沿着墙壁呈环形状摆放，既方便家具的摆放，又方便参观者的参观，如图4-46和图4-47所示。

图4-46 环状位置摆放桌子

图4-47 环状空间摆放家具

在墙壁上同样放置了一些画作，来装点一下展厅，使得展厅更加饱满，如图 4-48 所示。

图 4-48 墙壁摆放画作

休息区的设置：在一楼选取座椅紧靠柱子的摆放方式，既节约了空间，也不会影响整个场馆的布置，如图 4-49 所示。

图 4-49 休息区

二楼位置的休息区，在刚上楼梯处沿着墙壁进行座椅的摆放，简约大方，如图 4-50 所示。

图 4-50 休息区摆放座椅

在刚上二楼的楼梯口还摆放一些装饰品，如墙画、大摆钟表、家具会展的咖啡桌，如图 4-51 所示。

图 4-51 装饰品摆放

取一些广角的镜头来欣赏一下整体布局情况，如图 4-52 ~ 图 4-54 所示。

图 4-52 整体布展效果 1

图 4-53 布展效果图 2

图 4-54 布展效果图 3

三、画廊布展

以“雕塑展览会”为例。展会布置选用画廊的虚拟场馆。在雕塑展览馆的门口摆放了四尊西方艺术品雕塑，在艺术品雕塑中找到所需要的素材。四尊雕塑像是四位迎宾的服务人员，对称地立在两旁，等待参观者的到来，如图 4-55 所示。

图 4-55 展馆门口摆放雕塑

进入展览馆的第一个大厅，先布置大厅左侧的雕塑展品，同样是在艺术品库中找到雕塑的作品，将雕塑拿出来，然后利用手柄的上下键调整好雕塑展品的大小，雕塑展品类的东西一般是比人大一点儿的，在 VR 场景中会有如同身临其境的体验，可以以自身身高为参考，来调节雕塑的大小。然后将雕塑合理的摆放到正确的位置，比如雕塑的间距，场馆可容纳雕塑的数量，如图 4-56 所示。

图 4-56　展馆大厅摆放雕塑

雕塑展览馆会场第一大厅的右侧展品示例：雕塑展品不能太密集，也不能太稀疏，最好将同类雕塑分类展出，如图 4-57 所示。

图 4-57　大厅右侧摆放雕塑

在进入第二大厅的门前同样摆放两尊相同的雕像，在雕像的正中间墙壁的空白感显得有点单调，可在墙上添加一些与雕塑展相符合的画作，作为装饰品。如图 4-58 和图 4-59 所示。

图 4-58 第二大厅门前

图 4-59 画作摆放

雕塑馆第二大厅右侧，主要摆放的名人的半身雕塑展，如图 4-60 所示。

在刚进入第三大厅的通道口同样摆放两个相同的雕塑，如图 4-61 所示。

图 4-60 第二大厅雕塑摆放

图 4-61 第三大厅雕塑摆放

在第三大厅一角单独摆放雕塑，有点单调，如图 4-62 所示。

单调的一角，同样是在墙上挂置了一张艺术画，这样场景就显得更加饱满，有趣味性，在座椅中间可以摆放个桌子，如图 4-63 所示。

在休息区可以摆放一点装饰品摆件，在墙壁上可以挂一些符合场馆氛围的壁画，这样的休息区就会更加有格调一点儿，如图 4-64 所示。

图 4-62 展厅一角

图 4-63 展角摆放

在摆放物品的同时，可以一只手柄拿着素材物体，一只手柄移动位置，这样可以灵活按需调整素材摆放位置。

图 4-64 休息区摆放

四、美术馆布展

以“东西方画展”为例。该展览选择的场景是美术馆场景，美术馆的场馆呈对称式的结构分布，场馆很大，除去门口的接待大厅，还有六个小场景，要充分利用展馆地形的位置，将画展布置得更加美观。接待大厅，如图 4-65 所示。

图 4-65 接待大厅

接待大厅有些物体是不能清空的，可以利用现有的装饰物，然后再加入点想装饰的特定的商品，使得接待大厅更加饱满，美观如图 4-66 所示。

图 4-66 装饰接待大厅

大厅最中间的圆形场景用一副东方画横挂在两根藤条中间，显得简约，大气，在摆放画的时候要将画放到较高的位置，在实训模式中点击升高/正常按钮让自己在 VR 场景中所处的高度提升，在 VR 场景中就会如同在现实生活中一样探不到高处，如图 4-67 和图 4-68 所示。

图 4-67 调整摆放画位置

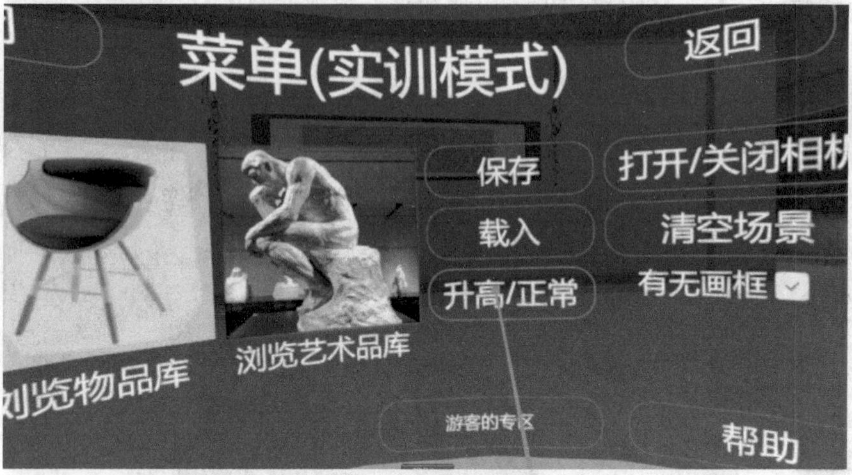

图 4-68 调整高度

在圆形画展厅的中央每个座位前摆放一幅画，参观者可以对画作进行一对一的观赏，在这个场景中一般放置的是重要的画作，如图 4-69 所示。

图 4-69 画作摆放

画作位置校准：画展的摆放工作量非常大，而且画的高低大小需要不断地近看，远看来调整画的摆放位置，以达到更加美观的效果，在抓住画品的同时，点击菜单键，出现的对话框中的校准位置，可以更加方便地将画摆放得端正，如图4-70和图4-71所示。

图4-70　画作位置调整操作

图4-71　画作调整

在每一个小场馆的交界处摆放一些装饰的摆件，在东方馆门口摆放了东方的装饰品，在西方的展览馆门口摆放了西方的装饰品，如图4-72和图4-73所示。

图 4-72 东方展馆门口摆放

图 4-73 西方展馆门口摆放

在场馆之间的交界处设置可以供参观者休息的座位，并且摆放一些装饰品来装饰一下空白的场景，如图 4-74 所示。

在最正中央的展览馆中将东方与西方的画展作品融合在同一个场馆中进行摆

图 4-74 休息区装饰

放，寓意深刻，东西方的文明应该相互交融才能促使更多好画作展现在世人面前，如图 4-75 和图 4-76 所示。

图 4-75 东西方画作融合摆放

在摆放了很多物品之后，为了防止成果的丢失，要记得拍照保存，在载入中找到保存好的场景布置，如图 4-77 所示。

图 4-76 展厅摆放效果

图 4-77 布展效果拍照

因为场景过大，在行走的走廊中间布置了些许座椅，供参观者休息，为了更加美观不能摆放得太多太密集，如图 4-78 所示。

由于东西方画展的场景呈对称形分布，在此只做一半的空间布局给予参考，在实践操作中可以尽可能地发挥自己的想象力和创造能力，在六个小场馆中可将东西方画展混合布置，也可一半是东方艺术画展，一半是西方艺术画展。不同的展示方式，给人的感觉也是不一样的。

图 4-78 休息走廊摆放座椅

第三节 案例展示

一、项目背景介绍

本案例是某兄弟院校作为委托方的设计项目，教师在接洽项目的过程中，将其中的一个环节——“场馆布展搭建”融入到 VR 实训项目中。

该项目具体为上海某学院经管系文化墙项目进行设计布展及搭建方案供稿，主旨在于运用文化墙设计制作，提升系部的整体对外形象和精神气质风貌。通过具体的视觉设计，打造品牌化的系部文化主题，丰富校园的精神生活（见图 4-79）。

图 4-79 校园院系实景照片

二、项目操作概况

首先，在设计准备工作中，作为项目设计制作的一方与学校委托方经过了多次沟通，最终明确了设计的方向，经过对方案要点的多次调整和完善，才开始进行具体设计工作实施。

其次，依据委托方的设计要求，教师安排总体的设计流程，对学生进行项目化小组组建，课上课下交替进行，以项目为驱动，进行实训课程推进。学生先用 Illustrator 软件作出内容布局的平面图，然后用 Sketchup 软件将二维平面设计转制为三维空间模型，赋予基本贴图与材质，最后进行保存和导出（见图4-80）。

由于软件局限于显示器的显示方式，难以较好的表现和展示设计方案的实地体验感受，因此，布展实施效果对 VR 有着表现方式上的内在需求。

第三，校园文化墙在具体的设计过程中，学生在电脑上用 Sketchup 软件进行建模完成后，将墨香导出为 FBX 格式文件并材质贴图，打开 Unity3D 导入 FBX 格式文件并材质贴图，设置平行光源，就可以从第一人称角度进行观察布展方案，

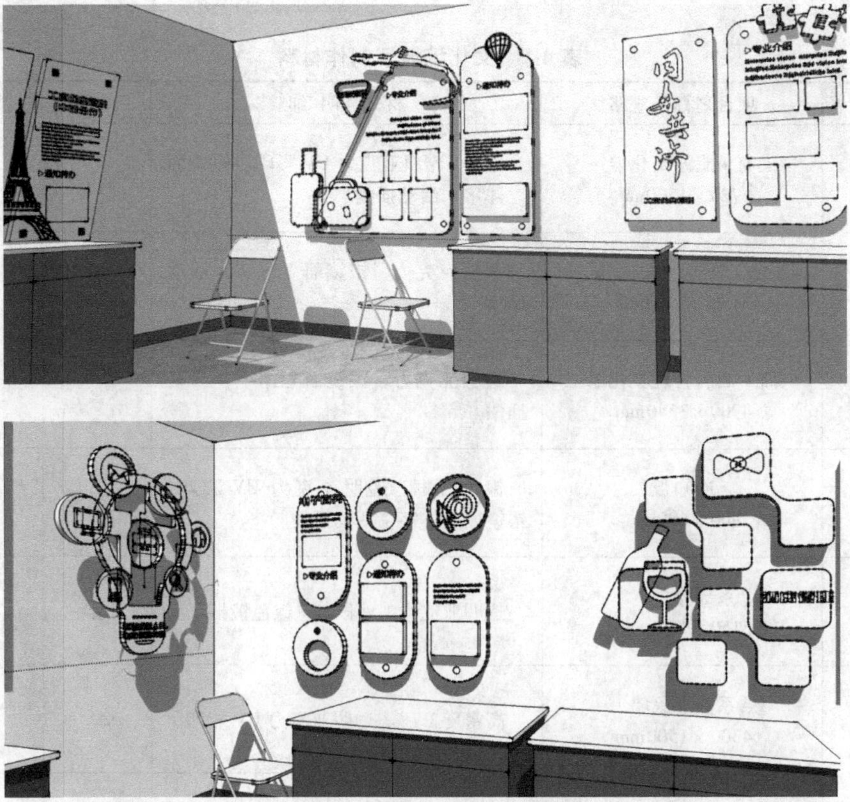

图 4-80　三维空间设计方案稿

VR 临场感强烈。模拟可以较为真实地感受到设计方案布展实地的效果，对于出现的问题也一目了然，便于对方案进行修改和完善（见图 4-81）。

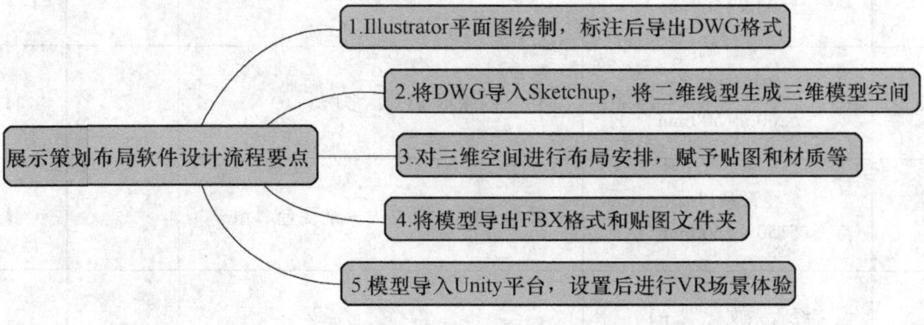

图 4-81　展示策划布局软件设计流程要点

布展及搭建所需的相关材料见表 4-1。

表 4-1 文化墙展示制作材料

序号	项目名称及规格	材料明细	单位	数量
1	工商 + 旅游文化墙一 6720 × 1500mm	PVC、精料亚克力 UV 彩印、银镜面立体字 + 活动插槽	套	1
2	中法工商专业文化墙二 5150 × 1500mm	透明亚克力、银镜面立体字 + 活动插槽	套	1
3	电商 + 酒店管理文化墙三 4900 × 3340mm	透明亚克力，银镜面立体字 + 活动插槽	套	1
4	通知板 900 × 600mm	银色镜框、透明亚克力 UV 彩印，银镜面立体字 + 活动插槽	套	4
5	系部公告栏 5150 × 1500mm	透明亚克力 UV 彩印 + 银色镜框	套	1
6	系部形象墙 4300 × 1500mm	高密度 PVC、透明亚克力 UV 彩印	套	1
7	侧墙 1910 × 1500mm	高密度 PVC、精料亚克力 UV 彩印	套	1
8	走廊 思政 1 5150 × 1500mm	白色 PVC、精料亚克力 UV 彩印	套	1
9	走廊 思政 2 5600 × 1500mm	白色 PVC、精料亚克力 UV 彩印	套	1
10	休息背景墙 5260 × 1500mm	白色高密度 PVC、多层	套	1
11	经管系口号 5150 × 1500mm	雕版 PVC、亚克力 + 镜面金属银	套	1
12	经管系文化墙 + 1 7610 × 1500mm	透明亚克力 + 多层工艺	套	1

续表 4-1

序号	项目名称及规格	材料明细	单位	数量
13	经管系文化墙+2 6640×1500mm	透明亚克力+多层工艺	套	1
14	经管系文化墙+3 8140×1500mm	透明亚克力+多层工艺	套	1
15	经管系文化墙柱子 550×1500mm	镜面外框+透明亚克力+多层工艺	套	3

三、VR 交互体验效果

项目实训中，学生在电脑上用 Sketchup 软件进行建模完成后，将模型导出为 FBX 格式文件并材质贴图，打开 Unity3D 导入 FBX 格式文件并材质贴图，设置平行光源，就可以从第一人称角度进行漫游，观察布展设计方案，VR 临场感强烈，模拟可以较为真实地感受到设计方案实地的效果，对于出现的问题也一目了然，便于对方案进行修改和完善（见图 4-82）。

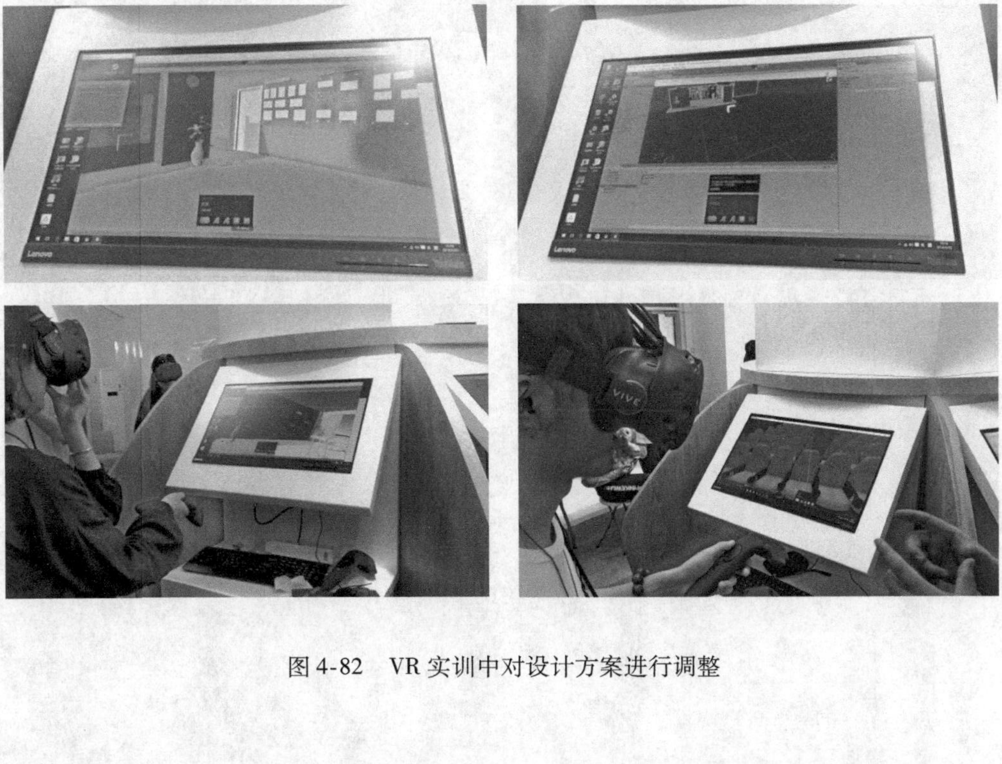

图 4-82　VR 实训中对设计方案进行调整

普通的上机实训因为局限于显示器的显示方式，对展出设计方案难以有较好的表现，学生在实训中也没有设计布展实地体验的感受，而 VR 的虚拟仿真模拟表现正好与设计布展中的实训需求相契合（见图 4-83）。

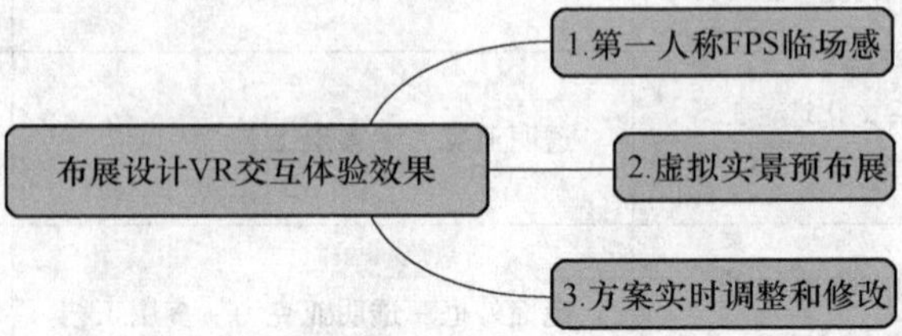

图 4-83　展示布展设计 VR 交互体验效果要点

第五章

3D 艺术及展示设计 VR 交互体验

第一节 3D 设计软件 VR 虚拟操作

一、建立模型

该软件将做好的 3D 模型，通过系统操作转换成可以 VR 虚拟体验的模型。具体操作为：在 SU 里面新建一个模型，如图 5-1 所示。

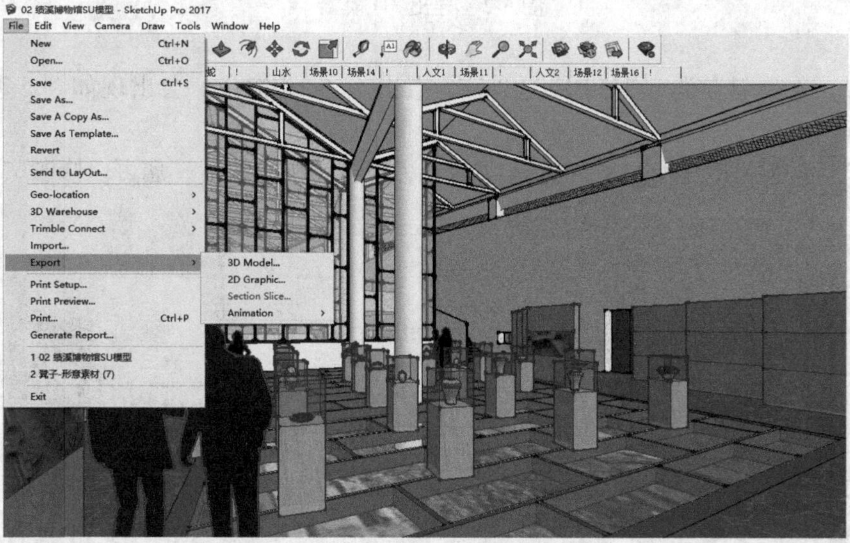

图 5-1 3D 模型建立

二、VR 虚拟实现指南

（1）新建模型后点击 File—Export—3D Model，会出现如图 5-2 所示的一个界面。

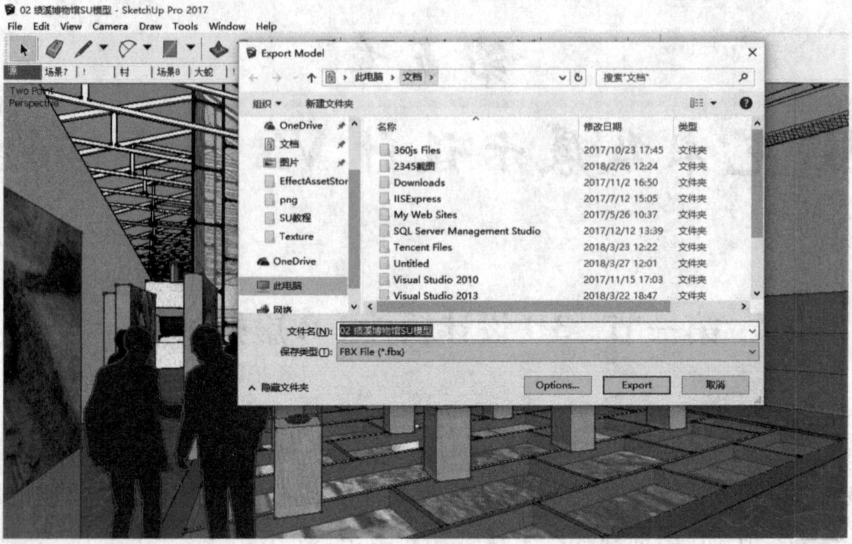

图 5-2 导出 3D 模型

（2）选择保存类型为 FBX 类型后，点击 Options 按钮，会出现如图 5-3 所示的界面：

（3）按照图 5-3 所示的勾选选项勾选，点击 OK 按钮后，您可以修改文件名，

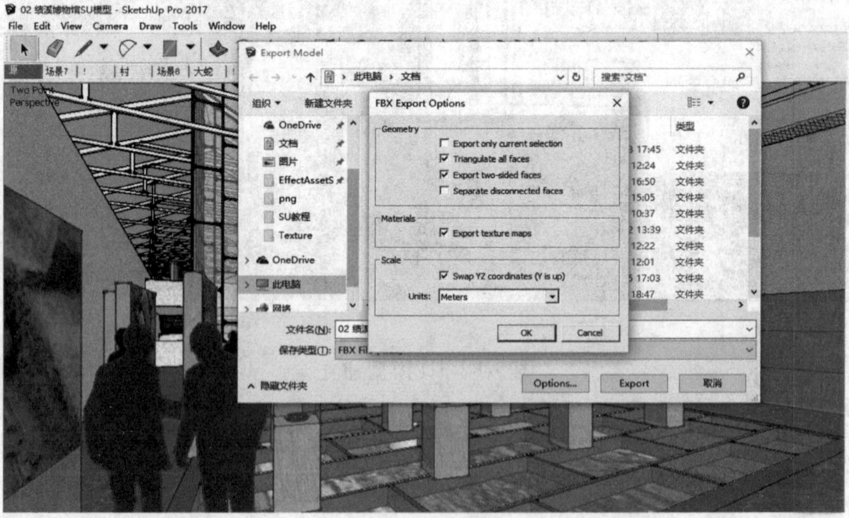

图 5-3 保存 FBX 类型文件

选择要导出文件的路径，再点 Export 按钮，就会导出一个文件出来，导出的文件中包含两个东西，一个是纹理图片文件夹，另外一个是我们导出的 FBX 文件了。

（4）将导出的 FBX 文件放入 Unity 中，首先在电脑上安装 Unity，第一步先将“Unity 安装包”文件夹下的名称为“UnitySetup64”的安装包进行安装，第二步安装该文件夹下的名称为“UnityStandardAssetsSetup”的安装包进行安装，安装完成后打开 Unity 这个软件，会出现如图 5-4 所示的注册界面。

图 5-4　注册 Unity 账号

（5）点击 create one 按钮注册一个 Unity 账号，然后用您所注册的这个账号登录 Unity，如图 5-5 所示。

（6）填入用户名，密码后点击 Sign in 按钮，就登录进去了，然后点击 Open 按钮点击选择文件夹打开“VR_Template”这个项目，打开方式如图 5-6 所示。

（7）打开项目后会出现如图 5-7 所示的界面。

（8）鼠标右键点击红框的位置，出现如图 5-8 所示的界面。

（9）点击 Create—Folder，新建一个文件夹，在新建的文件夹里面按照如图 5-9 所示的操作步骤，点击 Import New Asset，然后先将 FBX 文件导入，再导入该 FBX 文件的贴图文件，如图 5-9 所示。

（10）导入 FBX 文件和对应的贴图文件导入后，点击 FBX 文件，修改属性，如图 5-10 所示，勾选画红框的部分，将选项修改为 Local Materials Folder，然后点击 Apply，见图 5-10。

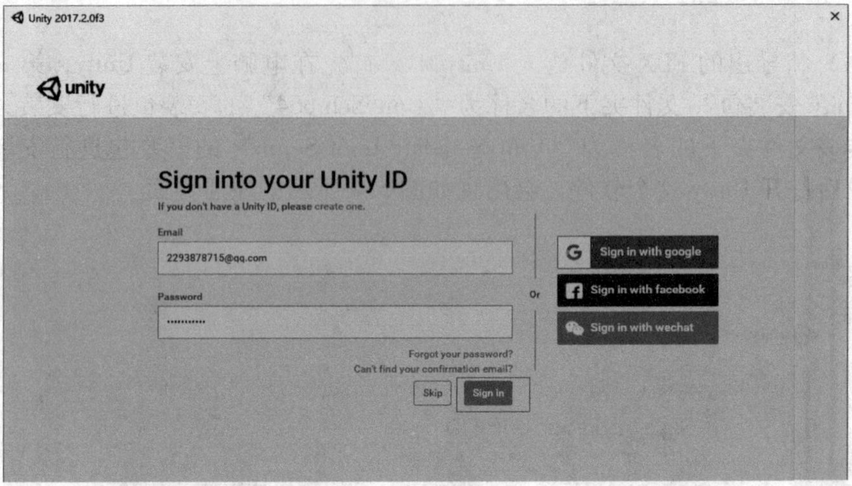

图 5-5 登录 Unity

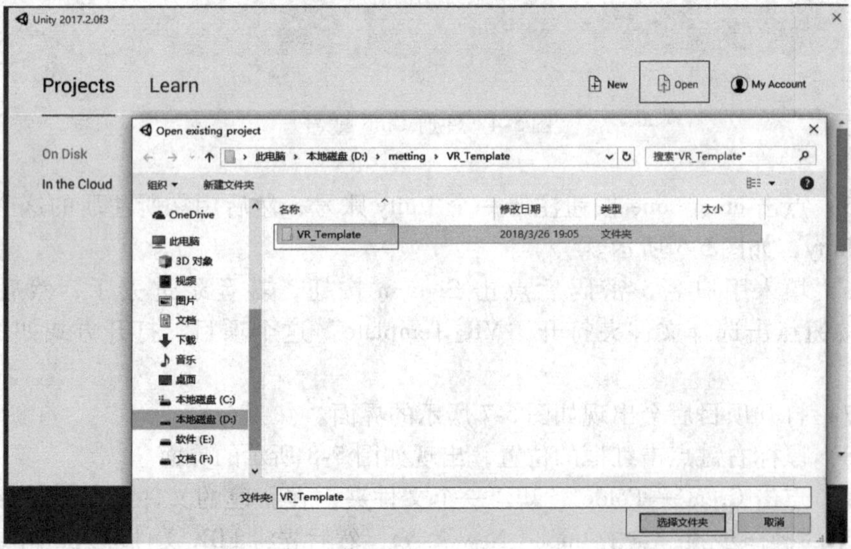

图 5-6 打开"VR_Template"项目

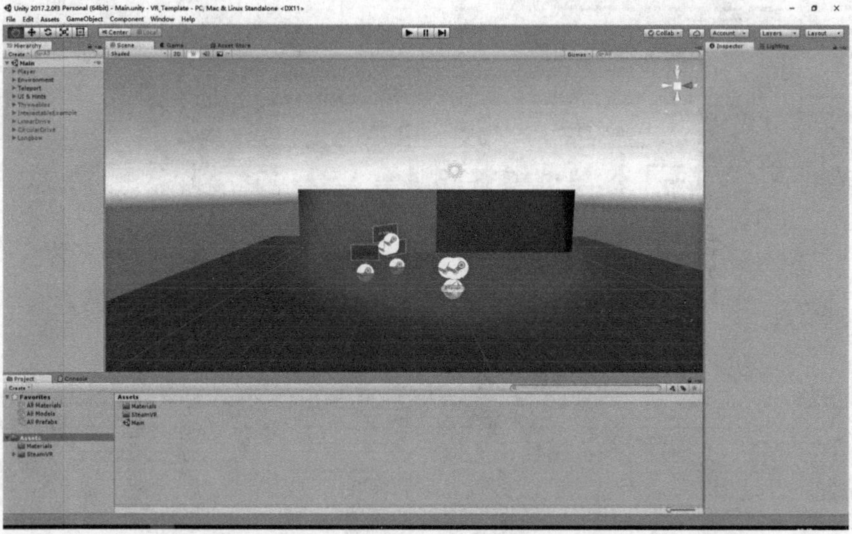

图 5-7 进入虚拟界面

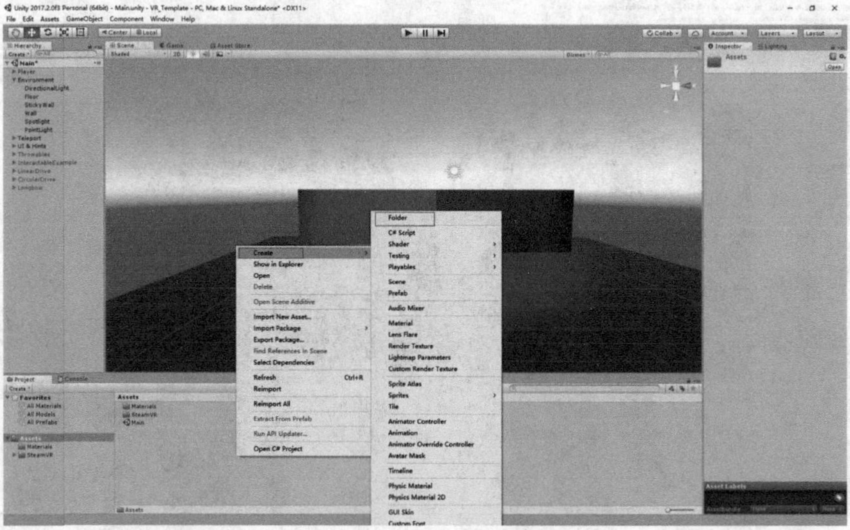

图 5-8 新建文件夹

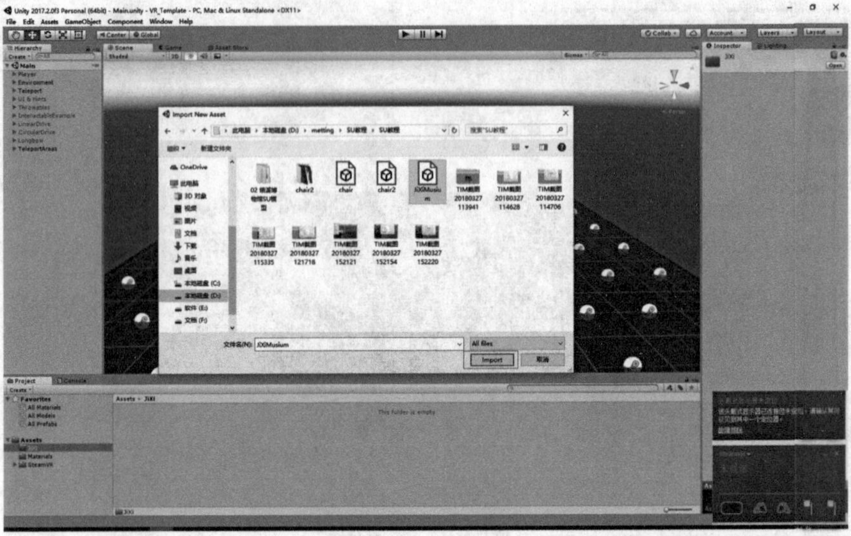

图 5-9 将 FBX 文件导入新建文件夹

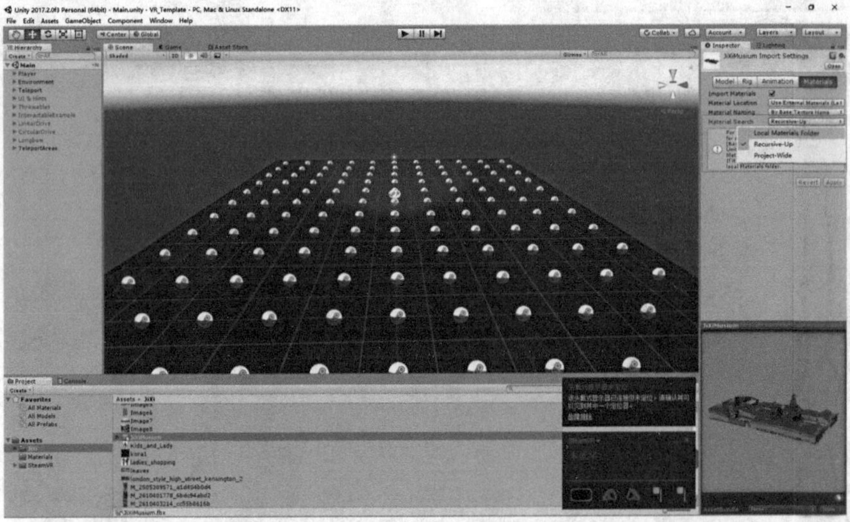

图 5-10 FBX 文件属性修改及应用

（11）将 Apply 后的 FBX 文件拖入场景中，然后单击如图 5-11 所示的箭头所指的按钮，在场景中拉物体改变大小，使其能够和场景比例相对应。

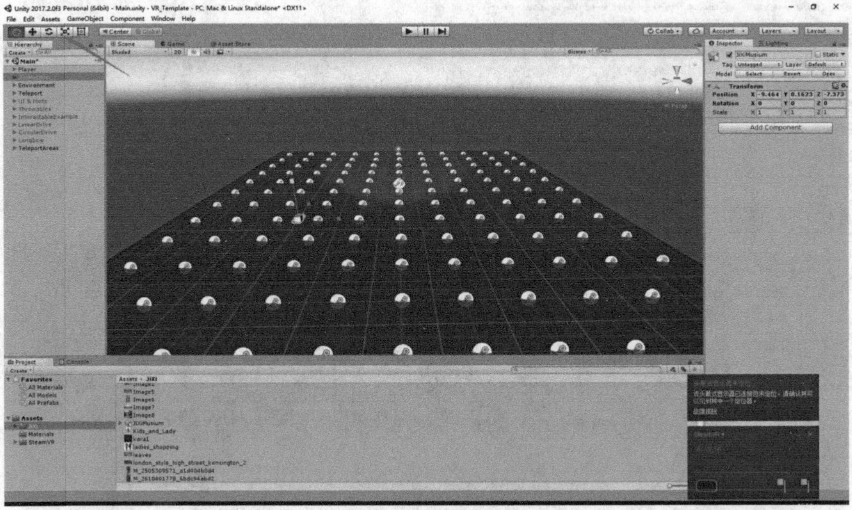

图 5-11　将文件拖入场景

（12）设置好相应比例后将 FBX 文件拖回如图 5-12 所示的地方，便于之后不用再次修改比例。

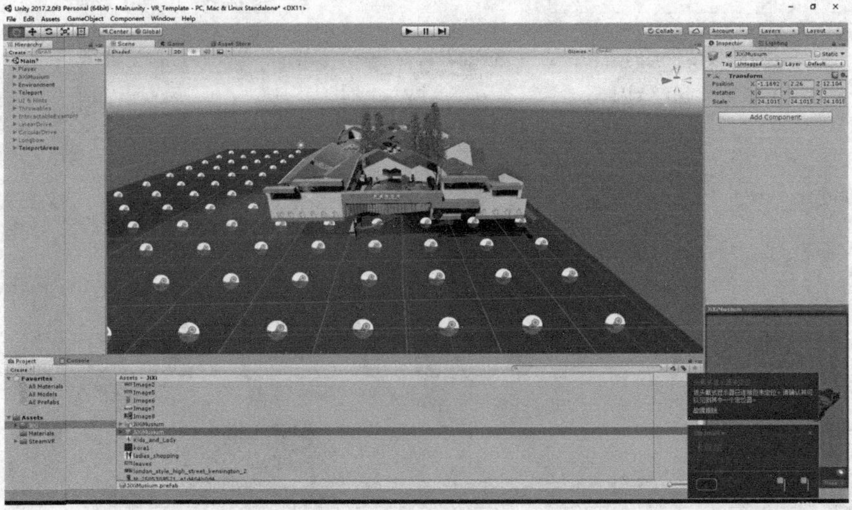

图 5-12　修改比例

（13）单击如图 5-13 中所示的箭头所指的按钮，使场景运行起来，按手柄触摸板就可以在场景中走动了，效果图如图 5-14 和图 5-15 所示。

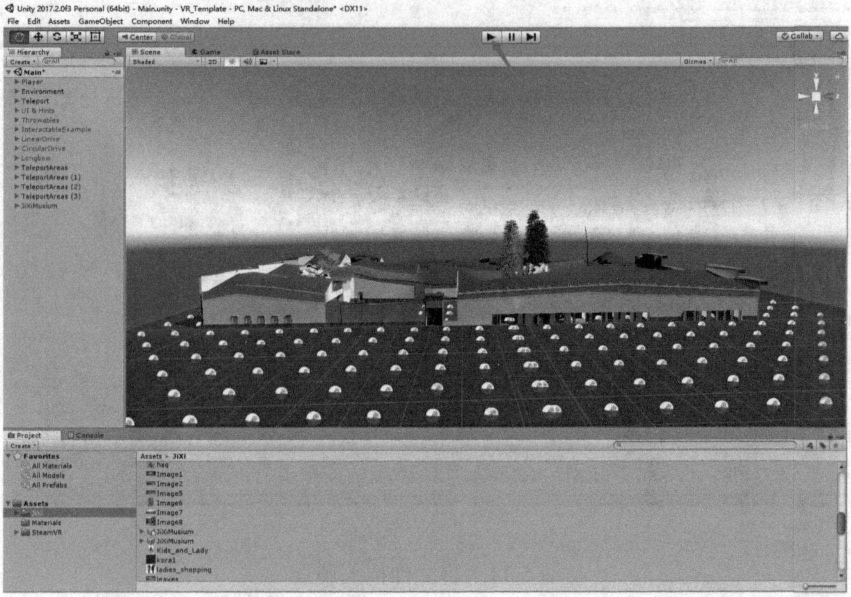

图 5-13 点击场景运行按钮

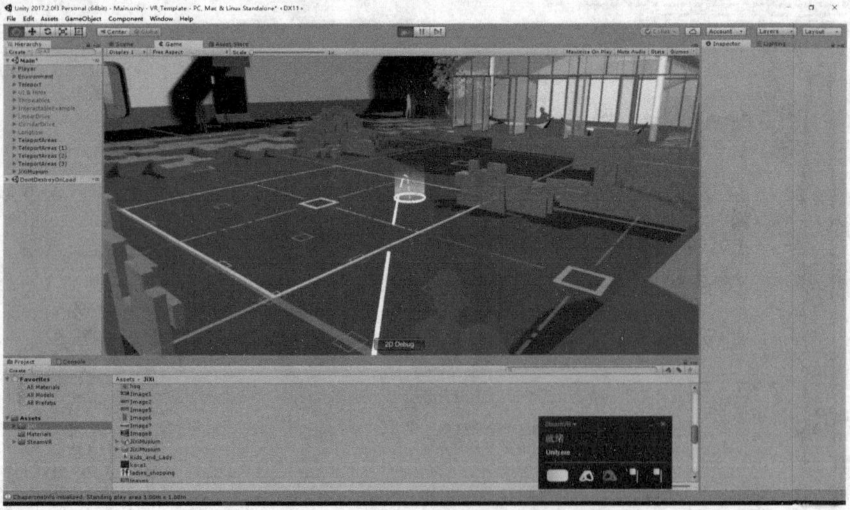

图 5-14 运行效果 1

图 5-15 运行效果 2

第二节 3D 设计模型素材库

一、搭建模型素材

展位搭建素材大类分为：艺术品，其他物品，供场馆实训中的实训模式使用。

（1）浏览物品库素材分类：按风格及类别分类，包含家具，摆件，植物，几何体灯饰，椅子，桌子等素材。

（2）浏览艺术品库素材分类：按地域、风格及年代分类。其中按地域分为东西方艺术品，按风格分为雕塑、画作、摆件、装饰品等，按年代分为现代及古代。

根据不同种类的素材的组合，能在不同场景中组建不同的会展。展位搭建的素材会不断充实，一定会让学生的想象力、创造力在 VR 商务实训室中得到充分的发挥（见图 5-16 和图 5-17）。

二、艺术设计经典作品赏析

艺术设计经典全景素材，在 VR 视频场景中如同身临其境的感觉，我们会随着流水的滑梯欣赏不同地域的别样风情，每一次滑梯的高低起伏都会让你感觉到似乎是在坐过山车，紧张刺激，心潮澎湃。

图 5-16 选择素材

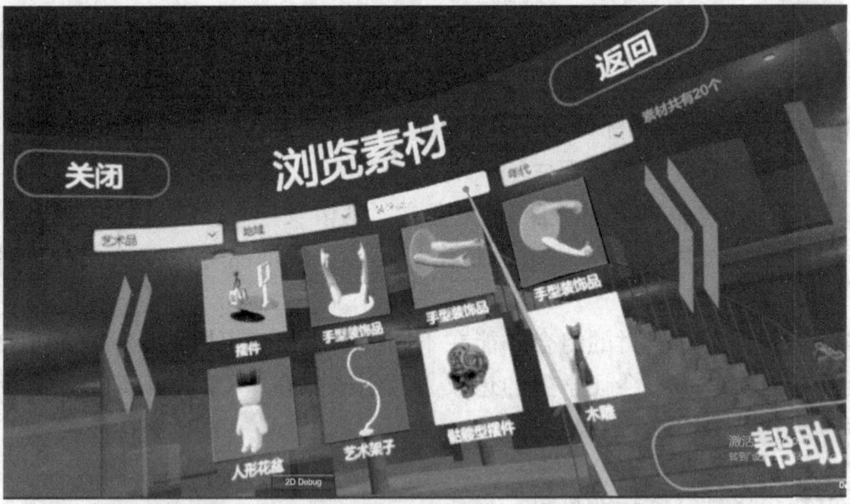

图 5-17 按类别选择素材

首先我们进入的是以现代化大都市主题风格的观光，让我们在城市中穿梭，领略当代大都市的繁华，欣赏各式各样的当代建筑设计师的杰作，见图 5-18 和图 5-19。

图 5-18　城市主题浏览 1

图 5-19　城市主题浏览 2

接下来进入的是室内场景的欣赏，在室内欣赏当代大都市的家具设计，参观别样的室内物件布局和室内的装饰风格，应用 VR 技术让你沉浸其中，欣赏它的独到之处，激发你的创造欲望，见图 5-20 ~ 图 5-22。

图 5-20　室内主题浏览 1

图 5-21　室内主题浏览 2

图 5-22 主题浏览

走出室外，别墅式的后花园简单，美观。设计师的脑洞大开，将小池塘设计成通往另外一个场景的大门，见图 5-23。

图 5-23 室外布景

池塘进入海底世界，我们将欣赏到远离城市喧嚣的自然风光，同时也会让我们的心也沉静下来，静静欣赏这眼前的一切，见图 5-24 和图 5-25。

图 5-24 自然主题风光主题 1

图 5-25 自然主题风光主题 2

穿过茂密的树林进入一望无际的沙漠，一座艺术之城展现在我们眼帘，犹入一副沙海中的画卷。在众多艺术建筑中最为突出的是城市中心，一座类似鸟巢的建筑，走进建筑中，该建筑棱角分明，在阳光的照射下，阳光从密集的条纹中透射进来，整个场景给人一种端庄、舒适、恬静、优雅的感觉，见图5-26。

图5-26 沙漠艺术建筑主题

在欣赏完经典艺术建筑之后，我们随着水流滑梯进入百事可乐游乐园主题，摩天轮式的大转盘，百事可乐与当代城市建筑体的结合，与游乐设施的结合。激发我们去创造更多的新颖时尚的建筑元素，见图5-27。

图5-27 百事可乐游乐园主题

最后的体育场馆主题，气势恢宏磅礴，处在舞台中央，感觉你就是万众瞩目的焦点。一场艺术经典之旅必定使你久久不能忘怀，也希望你能从中汲取到艺术的灵感，见图 5-28。

图 5-28　体育场馆主题

第三节　案 例 展 示

一、项目背景介绍

本案例是某一友好院校合作方的景观展示设计需求项目。在对于三维景观展示的具体设计执行中，从 3D 场景的设计、布局、搭建到调整、优化、完善，VR 虚拟现实贯穿在整个实训之中。

景观展示设计对三维空间的塑造要求较高，VR 让设计方案具备了更为优质的表现方式（见图 5-29）。

二、项目操作概况

校园景观展示设计项目在风格设计上有特殊要求，需要通过设计表现“模范”的主题，设计和施工的难度都比较大，需要教师做整体设计的把控，学生在实训中配合教师，分包完成每个设计包，教师做统筹。

图 5-29 校园长廊设计方案稿

其中 3D 模型的精度直接影响了方案后期施工的实际可行性；而对于建筑施工材料的国标要求也需要网络信息库的支撑；相对方案设计的难度，景观展示的时效性应得以保证；此外，无论从设计者本身还是委托方，都想对 S 设计方案有立体深入的认知了解，VR 展示方式的介入，使得设计者无需再对方案有过多的描述，因为一切都是“所见即所得”，VR 虚拟现实带来的，是让整个景观展示设计具备更多可视化的可能和方案拓展性。具体操作要点如图 5-30 所示。

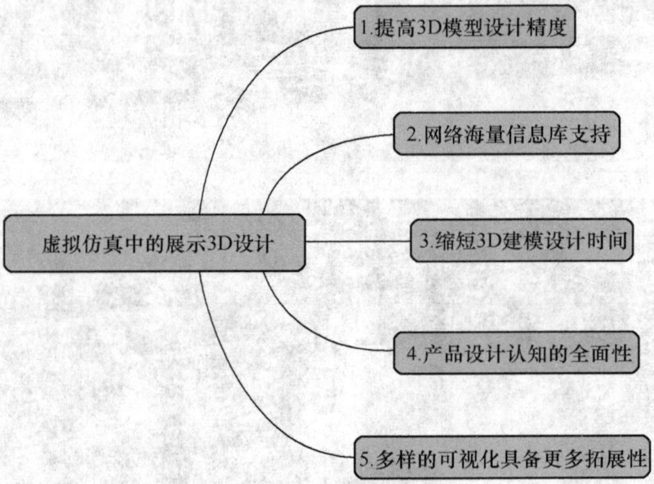

图 5-30 VR 虚拟仿真中的展示 3D 设计要点

三、VR 交互体验效果

景观展示设计项目除了与以上篇章中的相同流程之外，还凸显了 VR 虚拟仿真在实训交互体验中的一些特点。

三维空间设计因为建模的复杂程度，容易出现识别度低的建模缺陷，在设计阶段因为关注点在模型的可视性上，往往会被忽略，而后期的施工中问题就会被放大，造成设计返工，VR 就能较好地辅助解决这个问题，一是发现设计问题，二是减少规划错误；另外，基于景观设计的相对复杂性，委托方希望尽快能看到设计完善的方案稿，VR 提升了设计工作的速度和效率；最后，对于委托方直观感受设计稿的要求，以往可能需要在设计方案基本成型后，用雪弗板等材料制作一定比例的缩小模型，造价高，师生在项目实训中费时费力，VR 虚拟仿真改变了这个过程，以一种更为直观全面的方案观察方式去呈现方案，不失为一种节约优化的良好选择。具体优点如图 5-31 所示。

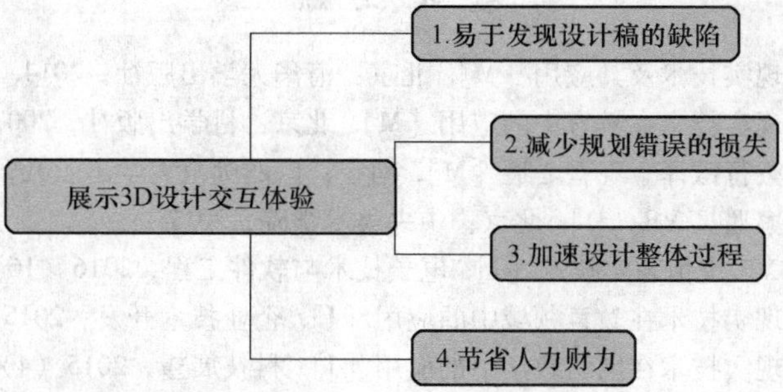

图 5-31 展示 3D 设计交互体验优点

参考文献

[1] 安维华. 虚拟现实技术及其应用 [M]. 北京：清华大学出版社，2014.

[2] 汤跃明. 虚拟现实技术在教育中的应用 [M]. 北京：科学出版社，2007.

[3] 约翰·伯格. 戴行钺译. 观看之道 [M]. 南宁：广西师范大学出版社，2015.

[4] 罗意. 当艺术家遇见 VR [D]. 北京：中央美术学院，2017.

[5] 陈超良. 刍议 VR 虚拟现实技术 [J]. 电子技术与软件工程，2016 (16).

[6] 荣梓任. 虚拟现实技术在教育领域中的应用 [J]. 企业技术开发，2015 (29).

[7] 陈品帆. 虚拟现实技术在网络教学中的应用 [J]. 科技展望，2015 (4).

[8] 邱爱艳. 虚拟技术对艺术观看的影响 [J]. 艺术教育，2018，3.

[9] 杨少曼. 虚拟现实技术在高校实践教学中的应用 [J]. 轻工科技，2018，34：9.

[10] 高东锋，王森. 虚拟现实技术发展对高校实验教学改革的影响与应对策略 [J]. 中国高教研究，2016 (10).